학교에서 배우지 못한 일본어 · 살아있는 예문

오하요

おはよう日本語

마스다 노리유키 著

도서출판 고려동

머 리 말 ・ はじめに

여러분은 친구로부터 선물을 받았을 때「**ありがとうございます** 감사합니다/고맙습니다」라고 하실 것입니다.
그럼 그 선물이 매우 비싸고 귀한 것이라면, 뭐라고 하시겠습니까?
역시 **「大変(たいへん)ありがとうございます** 정말 감사합니다・매우 고맙습니다」라고 하시겠습니까?
일본사람 같은 경우, 그럴 때는 「**すみません**・미안합니다」라고 하는 사람이 많습니다.
왠지 이상하게 들리지요.
그렇지만 일본사람의 대부분이「**すみません。こんな高価(こうか)なものを頂(いただ)いて**・죄송합니다. 이런 비싼 물건을 받아서」라고 합니다.
이 때「**すみません**」은「미안합니다」의 의미가 아니라「매우 감사합니다」가 됩니다.
「어째서? 왜?」라고 생각하시겠지만 그것이 바로 일본문화입니다.
왜 이럴까? 하며 고민하는 것 보다 '이럴 때는 이런 말을 사용한다'고 생각하는 것이 여러분의 일본어 능력이나 일본인과의 원활한 회화구성에 도움이 되겠지요.
옛날에 어떤 한국인 대학원생이 '일본인은 왜 사과만 하고 있습니까?
더 자신감을 가져야 합니다' 라고 저에게 말한 적이 있었습니다.
이 대학원생은 분명히「감사합니다」와「미안합니다」를 문면 그대로 이해했으며 일본 문화에 대한 이해가 부족한 것 같았습니다.
이 책으로부터 일본인의「마음」이나「문화」를 배우신다면, 독자 여러분은 이제 이런 실수를 하지 않을 것입니다.
그리고 이 책을 집필한 저자의 마음을 조금이나마 헤아려 주실 거라고 할 수 있겠습니다.
이 책을 읽고 계신 한국인 여러분 「**すみません**・이 책을 읽어 주셔서!」

목차

머리 말・はじめに・・・・・・・・・・・・・・・・・・・・・・・・・・・3 頁

목차・もくじ・・・・・・・・・・・・・・・・・・・・・・・・・・・・・4 頁

범례・凡例・・・・・・・・・・・・・・・・・・・・・・・・・・・・・・7 頁

1. 말 걸 때 쓰는 말 (呼びかける言い方) ・・・・・・・・・・・・・14 頁

2. 맞장구 (相づちの言葉) ・・・・・・・・・・・・・・・・・・・・・28 頁

3. 정중한 표현 (丁寧な言葉) ・・・・・・・・・・・・・・・・・・・36 頁

4. 이웃과의 인사 (近所の人との挨拶) ・・・・・・・・・・・・・・・42 頁

5. 일하고 있는 사람과의 인사말 (仕事中の人との挨拶) ・・・・・51 頁

6. 방문처 현관에서 인사 (訪問先の玄関での挨拶) ・・・・・・・・・53 頁

7. 현관앞에서 손님을 거절하는 말 (玄関で客を断る言葉) ・・・・61 頁

8. 응접실에서의 인사 (客間での挨拶) ・・・・・・・・・・・・・・・66 頁

9. 작별 인사 (辞去するときの挨拶) ・・・・・・・・・・・・・・・・82 頁

10. 방문객을 보낼 때 쓰는 인사말

(訪問客を送り出すときの挨拶)‥‥88頁

11. 방문객과 헤어질 때 인사말 (訪問客と別れるときの挨拶)‥‥92頁

12. 부탁을 할 때 쓰는 말 (依頼を切り出すときの挨拶)‥‥‥98頁

13. 직장생활에서 의뢰를 할 때 쓰는 말

(仕事での依頼を切り出すときの挨拶)‥‥101頁

14. 용무를 부탁할 때 쓰는 말 (用事を頼むときの挨拶)‥‥‥103頁

15. 빚을 질 때와 그것을 거절하는 말

(借金の依頼と断るときの言葉)‥‥106頁

16. 보증인의 의뢰와 거절의 말

(保証人の依頼と断りの言葉)‥‥113頁

17. 혼담의 의뢰와 거절의 말 (縁談の依頼と断りの言葉)‥‥118頁

18. 혼담의 중매인 역할을 거절하는 말

(縁談の仲人を断る言葉)‥‥125頁

19. 데이트 신청을 거절하는 말 (デートを断る言葉)‥‥‥128頁

２０. 방문세일즈를 거절하는 말 (セールスを断る言葉) ・・・・・・131 頁

２１. 상담을 거절하는 말 (商談を断る言葉) ・・・・・・・・・・・135 頁

２２. 기부등을 거절하는 말 (寄付などを断る言葉) ・・・・・・・・・141 頁

２３. 술 자리에서의 거절 표현 (酒の席での断り文句) ・・・・・・・143 頁

２４. 동의 할 때 쓰는 말 (同意するときの挨拶言葉) ・・・・・・・・146 頁

２５. 신세를 졌을 때 감사를 표현하는 말
(世話になったときのお礼の言葉) ・・・・156 頁

２６. 사죄할 때 쓰는 말 (謝罪するときの挨拶言葉) ・・・・・・・・・172 頁

２７. 전화를 주고 받을 때 인사말
(電話で交わされる挨拶言葉) ・・・・・・・186 頁

２８. 프랑스 요리점에서의 말 (フランス料理店での言葉) ・・・・・205 頁

２９. 화해할 때 쓰는 말 (仲直りの言葉) ・・・・・・・・・・・・・・215 頁

３０. 위로의 말 (慰めの言葉) ・・・・・・・・・・・・・・・・・・・・219 頁

후서・あとがき・・・・・・・・・・・・・・・・・・・・・・・・・・・・222 頁

범례

본서『おはよう にほんご』에서는 일본어 발음을 일본어입문자를 위해 한글로 표기하고 있습니다만 일본어의 「つ・ざ・ず・ぜ・ぞ／쯔・자・즈・제・조」등은 한국어 발음에 없습니다.

그러므로 한국에서 이미 출판되어있는 다른 일본어교과서들을 봐도 "비슷한 발음"이 한글로 표기되어 있습니다.

그리고 그 발음을 일본인이 들으면 경상도(慶尚道) 남자의 말투도 귀엽게 들리거나 아니면 '혀가 짧나?'라는 생각을 하게 만들어 버립니다.

그래서 본서에서는 일본어 발음표기를 어떻게 할 것인지 여러모로 시행착오했습니다만 결국 제가 생각하는 "비슷한 발음"을 한글로 표기하기로 했습니다.

'어라? 다른 책과는 발음이 다르네!' 이렇게 생각하실지도 모르겠습니다만 원래 일본어 발음을 한글로 정확하게 표현할 수가 없으므로 발음표기에 관해서는 "참고"정도로 삼아서 읽어 주셨으면 감사하겠습니다.

또 일본어는 한국어나 영어와 같은 "띄어쓰기"를 거의 안 합니다만 본서에서는 한글로 표기된 일본어 발음에는 "띄어쓰기"를 썼습니다.

이것은 읽기 쉽게 편의성을 생각해서이므로 "띄어쓰기한 단어 한마디 한마디의 뜻"은 무시해 주십시오.
우리가 사는 지구상에는 "의식주(衣食住)" 와 같은 큰 문화차이가 여러 가지로 있지만 말은 그 으뜸인 것 같습니다.

그리고 문화에는 "좋은 문화" "나쁜 문화"라는 차이는 없습니다.
이유인 즉 문화라는 것은 오랜 세월을 걸쳐 그 지역·그 나라에서 길러진 인간의 지식에 근거되어 있는 것이기 때문입니다.

필자는 젊은 한국인에게서 "왜 일본에서는 이 말을 그렇게 표현하는 것입니까?" 라는 질문을 자주 받습니다.

물론 여러가지 이유를 댈 수는 있습니다만 단적으로 말하면 "그것이 바로 일본문화다" 라고 말하는 것이 이해하기 쉬운 대답이 되지 않을까 생각합니다.

따라서 일본어표현에 관해서 의문이 생겼을 때는 "그것이 바로 일본문화다" 라고 가볍게 넘어가주시기 바랍니다.
어쩌면 '그런 표현은 요즘 쓰지 않습니다!' 라든가 '엣? 그런 표현은 없습니다' 라든가 '나는 그런 표현을 안 씁니다' 라고 하는 젊은 일본인이 있을지도 모르겠습니다만 그것은 "교양의 차이" 라고 할 수 있겠죠.

그 사람이 그 말을 모르거나 쓸 수 없다는 것 뿐입니다.
그리고 지금도 그 말을 쓰고 있는 교양 있는 일본사람이 있다는 것을 모를 뿐입니다.

말은 그 문화를 제일 잘 나타내는 것입니다만 문화 차이는 나라가 다르면 물론이고 지역적인 차이, 세대적인차이, 성별 차이, 교양의 차이, 직업 차이···등 등에 의해 달라지는 것은 당연한 일입니다.
일본에서는 '요즘 젊은이들은 인사도 제대로 못 한다' 라는 소리를 자주 듣습니다만 본서에서는 "요즘 젊은이들이 못 쓰는" 인사말도 많이 올렸습니다.

그리고 그 말은 지금도 일본 어디론가에서 사용되어있는 "**おはよう にほんご**"입니다.

지금까지 일본어를 배워오신 한국인 여러분도 "**おはよう にほんご**"를 이 책으로 익혀 주셨으면 좋겠습니다.

본서의 한국어 번역은 저자가 일차적으로 했습니다만 아쉽게도 올바른 한국어가 되어있지 않습니다.

그래서 한국분과 결혼해서 부산(**釜山**)에 살고 계시는 일본인 여성·타케시타 치카(竹下知佳)씨에게 번역 협력을 부탁해서 공동으로 출판하는 것입니다.

타케시타 치카씨는 집안 살림을 하면서 한국 인터넷 사이트의 일본어 감수 · 번역 일을 하고 계시는 분이므로 한국어를 일본어로 번역하는 면에서는 프로 번역가입니다만 일본어를 한국어로 번역하는 데서는 전문 분야가 아니므로 독자 여러분께서 지적을 받을 만한 곳이 있으면 그것은 저자의 책임이며 용서 해주시기 바랍니다.

2009 년 가을
동주대학 관광 일어과
교수 **마스다 노리유키**
(増田 憲行)

凡例

本書『おはよう日本語・韓国語』の日本語を韓国人初学者のためにハングルで表記していますが、日本語の「つ・ざ・ず・ぜ・ぞ」等は韓国語の発音にありません。

よって、韓国における他の日本語教科書等においても「近似の音」をハングルで表記しております。

そして、その発音を日本人が耳にすると、厳つい韓国男性の発声でも「可愛く聞こえたり、あるいは舌が短かいのでは？」と思ったりしてしまいます。

そこで、本書では日本語の発音表記をどうするのか試行錯誤しましたが、著者が考える「近似の音」をハングルで表記しました。

「あれ？　他の本と発音が違う！」と思われるかもしれませんが、もともと日本語の発音を正確にハングルでは表記できませんので、発音に関しましては「参考程度」の軽い視点で読んで頂きたいと願っております。

さらに日本語は、ほとんどの場合、韓国語や英語のような「分かち書き」をしませんが、本書の日本語発音を表記したハングルは「分かち書き」をしております。

これは、読みやすさの利便性を考えてのことなので「分かち書きの単語ごとの意味」は無視してください。

世界には「衣食住」等に大きな文化差異がありますが、言葉はその最たるものです。そして、文化には「良い文化」「悪い文化」の区別がありません。それは、長年、その地域・国で培われた人間の知に基づくものだからです。

筆者は、よく韓国人の若者から「日本語では、どうしてそのように表現するんですか。」との質問を受けます。もちろん、いろいろな理由を述べることはできますが、端的に言うと「それが日本文化です。」と言うのが筆者の答えになろうかと思います。

よって、日本語表現につきまして、疑問が生じましたときは「それが日本文化だ。」との軽い視点で読んで頂きたいと願っております。

中には「そんな表現は、今どきしません！」とか「えっ？　そんな表現はありません。」とか「私は、そんな言い方をしません。」と言う若い日本人がいるかもしれませんが、それは「教養の差異」というものです。その日本人が知らないか、使えないだけなのです。そして、今なお使っている教養ある日本人がいることを知らないのです。

言葉は文化の最たるものですが、文化の差異は国が違えばもちろんのこと、地域風土の差、年代の差、性別の差、教養の差、職業の差・・・等々によって異なるのは、当然のことです。

日本では、「今時の若者は挨拶も満足にできない」という声を聞きますが、本書では「今時の若者が使えない」挨拶言葉もたくさん取り上げております。しかし、その言葉は現在も日本のどこかで使われている「おはよう日本語」なのです。今まで日本語を学ばれた皆さんも「日本語のフォーマルな挨拶言葉」を、この本で身に付けて頂ければと願っております。

本書の韓国語翻訳は、著者が第一義的に韓国語に翻訳しておりますが、恥ずかしながら正しい韓国語になっておりません。そこで、韓国人男性と結婚され釜山に住んでおられる日本女性・竹下知佳さんに翻訳の協力をお願いして共同で出版するものです。

竹下知佳さんは主婦の傍ら韓国のインターネットサイトの日本語監

修・翻訳の仕事をしておられる方ですので、韓国語を日本語に翻訳するうえではプロの翻訳家ですが、なにぶん日本語を韓国語に翻訳するプロではありませんので、読者の方々にご指摘を受けるところがありましたら、それは著者の責任でありご勘弁願います。

２００９年 秋

東洲大学観光日本語科

教授・増田　憲行

1. 말 걸때 쓰는 말 (呼(よ)びかける言(い)い方(かた))

A1：あなた。 당신.

아나타.

2 A2：崔(ちぇ)さん。玉斗(おくと)さん。 최 옥두씨.

체산. 오크토산.

3 A3：きみ。 君(きみ)。 너.

키미. 키미.

4 A4：李君(いくん)。 舜臣君(すんしんくん)。 이 순신군.

이쿤. 슨신쿤.

5 A5：小浜(おばま)。増田(ますだ)。 林(はやし)。 오바마씨. 마스다씨. 하야시씨.

오바마. 마스다. 하야시.

6 A6：あなたさま。お宅(たく)さま。 당신. 귀댁.

아나타사마. 오타크사마.

7 A7：お連(つ)れさま。 일행분.

오트레사마.

8 A8：おふたりさま。お三人(さんにん)さま。およったりさま。

오후타리사마. 오산닌사마. 오욧타리사마.

두 분. 세 분. 네 분.

A9:みなさま。ご一同(いちどう)さま。 여러분. 일동여러분.

미나사마. 고이치도우사마.

A10:そちらさま。 그 분.

소치라사마.

A11:どなたさま。どちらさま。 어떤 분.

도나타사마. 도치라사마.

사람의 호칭입니다.
「あなた。당신」은 성별에 상관없이 널리 일반적으로 사용되어 있는 말입니다.
단, 윗사람이나 자기보다 나이가 많은 사람에게는 사용할 수 없는 말입니다.

「崔(ちぇ)さん。玉斗(おくと)さん。최씨, 옥두씨」는 남자에게서 여자에게, 연상의 사람, 또는 손아래라도 사력이 긴 남성의 동료에게 호소할 때 사용합니다.
남성이 여성을 부를 때는 나이와 상관없이 「・・さん。・・씨.」라고 말합시다.
한편, 여성이 사용할 경우는 모든 남녀의 동료에게 맞는 호칭입니다.
또, 당사자가 없는 상태에서 화제에 들 경우도 같습니다.

「きみ。君(きみ)。너. 너.」는 남성에게서 남성·여성에의 호소에 사용합니다.
동기, 혹은 손아래의 동료에게 직접 호소할 때에 이용합니다.

「李君(いくん)。舜臣君(すんしんくん)。이군. 순신군.」은 남성에게서 동기 또는 손아래의 남성에게 이용하는 것이 일반적입니다.

직접 본인을 부르는 경우나 다른 동료와의 사이에서 화제로 할 경우에도 사용할 수 있습니다.
일본에서는 성과 이름을 나누어서 부를 수도 있습니다.

「**小浜(おばま)。増田(ますだ)。林(はやし)。** 고하마. 마스다. 하야시.」이라고 성만 부르는 경우도 있는데 자신의 회사 상사 이야기를 할 때 사외 사람에게는 성만으로 말하는 것이 일본문화입니다.
또 상사는 성을 제외한 직위만으로 부를 수도 있습니다.

이런 경우 한국처럼「**社長様(しゃちょうさま)。部長様(ぶちょうさま)。** 사장님. 부장님.」처럼「**様(さま)。** 님」은 붙이지 않습니다.

이것은 일본에서 자신의 부모 이야기를 제 3 자에게 할 때 「**父(ちち)、母(はは)** 아버지, 어머니」라고 해서 '님'을 생략하는 것과 마찬가지입니다.
단 사외 사람이라고 해도 예를 들면 상사의 부인으로부터 전화가 걸려왔다거나 그런 경우에는 상사 성만 말하는 것은 실례가 됩니다.
이럴 때는 직위를 말하는 것이 예의입니다.

「**あなたさま。お宅(たく)さま。** 당신. 귀댁.」은 손님을 부를 때 사용합니다.

「**お宅(たく)。** 댁」은 본래 '집'에 대한 경칭입니다만 상대방에게 사용해도 실례가 되지 않습니다.
단「さま· 님」을 붙여서 부르는 것이 예의입니다.

「**お連(つ)れさま。** 일행분」은 손님에게 2 명이상 동반자가 있을 경우 그 동반자에게 대한 호칭입니다.

「**おふたりさま。お三人(さんにん)さま。およったりさま。** 두분. 세분. 네분.」은 손님이 2 명, 3 명, 4 명인 경우에 사람을 동시에 부를 때에 사용합니다.

「みなさま。ご一同(いちどう)さま。어러분. 일동님.」은 손님이 4・5명이상 있을 때 모두를 부를 경우에 사용할 수 있습니다.
「そちらさま。그쪽 분」은 그쪽이라는 뜻의 호칭입니다.

「お連(つ)れさま。일행분」이 인간 관계에서 파생한 호칭이지만, 「そちらさま。그쪽 분」은 위치 관계에서 파생한 호칭이라고 말할 수 있습니다.
「どなたさま。どちらさま。어느 분. 어느쪽 분.」은 「누구」보다 정중한 호칭입니다. 손님에게 이름이나 신분을 물을 때 사용합니다.

12 A1:御社(おんしゃ)。貴社(きしゃ)。貴行(きこう)。 귀사.

온샤. 키샤. 키코우.

13 A2:弊社(へいしゃ)。 小社(しょうしゃ)。 페사. 소사.

헤이샤. 쇼우샤.

14 A3:貴店(きてん)。 귀점.

키텐.

15 A4:当店(とうてん)。弊店(へいてん)。 小店(しょうてん)。 당점. 폐점.

토우텐. 헤이텐. 쇼우텐.

16 A5:貴会(きかい)。貴協会(ききょうかい)。貴組合(きくみあい)。貴事務所(きじむしょ)。

키카이. 키쿄우카이. 키크미아이. 키지무쇼

귀회. 귀협회. 귀조합. 귀사무소.

17 ほんかい とうかい ほんくみあい とうくみあい ほんきょうかい
A6:①本会。②当会。③本組合。④当組合。⑤本 協 会。

とうきょうかい とうじむしょ
⑥当 協 会。⑦当事務所。

①혼카이 ②토우카이 ③혼크미아이 ④토우크미아이

⑤혼쿄우카이 ⑥토우쿄우카이 ⑦토우지무쇼

①본회. ②당회. ③본조합. ④당조합.
⑤본협회. ⑥당협회. ⑦당사무소.

18 きこう ほんこう とうこう
A7:貴校。本校。当校。 귀교. 본교. 당교.

키코우. 혼코우. 토우코우.

법인 단체 각종 조직등의 호칭입니다.

おんしゃ きしゃ きこう
「御社。貴社。貴行。귀사」는 상대의 회사에 대한 경칭으로 특히 상대의 회사 하지만 은행의 경우는 「貴行。귀사」라고 합니다.

へいしゃ しょうしゃ
「弊社。小 社。폐사」는 자신의 회사를 부를 때 이용합니다.

은행원은 자신의 은행을 「当銀行。당은행」, 은행 지점에 배속돼 있는 경우에는 「本支店。본지점」이라고 하고 있는 것 같습니다.

きてん
「貴店。귀점」은 상대가 상점의 인간인 경우의 호칭입니다.

とうてん へいてん しょうてん
「当店。弊店。小 店。당점. 폐점. 소점」은 자신의 상점이라고 하는 의미의 호칭입니다.

「貴会(きかい)。貴協会(ききょうかい)。貴組合(きくみあい)。貴事務所(きじむしょ)。귀회. 귀협회. 귀조합. 귀사무소」는 상대가 단체에 소속해 있는 장소 합의 호칭입니다.

「本会(ほんかい)。当会(とうかい)。本組合(ほんくみあい)。当組合(とうくみあい)。本協会(ほんきょうかい)。当協会(とうきょうかい)。当事務所(とうじむしょ)。본회. 당회. 본조합. 당조합. 본협회. 당협회. 당사무소」는 자신의 단체라는 의미의 호칭입니다.

「貴校(きこう)。本校(ほんこう)。当校(とうこう)。귀교. 본교. 당교」는 학교에 소속하는 경우에 쓰고 상대방이 학교에 소속돼 있으면 「貴校(きこう)。귀교」, 자신의 학교를 「本校(ほんこう)。当校(とうこう)。본교. 당교.」라고 합니다.

A1:①ご主人(しゅじん)。②ご主人(しゅじん)さま。③主人(しゅじん)。④旦那(だんな)さま。
⑤ご亭主(ていしゅ)。⑥うちの人(ひと)。⑦宅(たく)。

①고슈진. ②고슈진사마. ③슈진. ④단나사마. ⑤고테이슈. ⑥우치노히토. ⑦타크.

①주인분. ②주인장. ③주인. ④남편분.
⑤남편분. ⑥바깥사람. ⑦댁.

20
A2:①奥(おく)さん。②奥(おく)さま。③奥方(おくがた)。④ご内室(ないしつ)。⑤細君(さいくん)。⑥家内(かない)。
⑦妻(つま)。⑧妻(さい)。⑨女房(にょうぼう)。⑩うちの。⑪うちの奴(やつ)。

①오크산. ②오크사마. ③오크가타. ④고나이시트. ⑤사이쿤. ⑥카나이. ⑦트마.
⑧사이. ⑨뇨우보우. ⑩우치노. ⑪우치노야트.

①아주머님. ②사모님. ③부인. ④어부인.
⑤마누라. ⑥집사람. ⑦처. ⑧처.
⑨집사람. ⑩내 집사람. ⑪우리 집 사람.

21 A3: お連れ合い。 배우자분.

오트레아이.

22 A4: ご夫婦。ご夫妻。 부부님.

고후우후. 고후사이.

부부간이나 상대방, 제 3 자 부부를 가리킬 때 쓰는 말입니다.
「**ご主人。ご主人さま。主人。旦那さま。ご亭主。うちの人。宅**. 주인분. 주인장. 주인. 남편분. 남편. 바깥사람. 댁.」은 남편을 가리키는 말이므로 상대방 남편을 가리킬 때는 「**ご主人。ご主人さま。 旦那さま。ご亭主。** 주인분. 주인장. 주인. 남편분.」 자기 남편을 가리킬 때는「**主人。旦那さま。うちの人。宅。** 주인. 남편. 바깥사람. 댁.」을 씁니다.
「**奥さん。奥さま。奥方。ご内室。細君。家内。妻（つま）。妻（さい）。女房。うちの。うちの奴。** 아주머님. 사모님. 부인. 어부인. 마누라. 집사람. 처. 처. 집사람. 내 집사람. 우리 집 사람.」는 아내를 가리키는 말이므로 상대방의 아내를 가리킬 때는 「**奥さん。奥さま。奥方。ご内室。細君。**」을 쓰고 자기 아내를 가리킬 때는 「**細君。家内。妻（つま）。妻（さい）。女房。うちの。うちの奴。**」을 씁니다.
단, 보편적으로 이렇게 쓰고 있긴 하나 「**ご主人。ご主人さま。** 주인분. 주인장.」는 남편을 주인으로 본다는 뜻으로 여성차별을 연상시키는 말이라는 의견도 있습니다.
그리고 「**細君(さいくん)。** 마누라.」은 동료나 후배등 자기와 동급이하의 상대방에게 쓰는 것이 적절합니다.
「**奥方(おくがた)**」는 원래 급이 높은 귀족의 아내를 가리키는 말이였습니다만 요즘에는 친한 사이에서 농담삼아 쓰는 말로써 쓰는 경우가 많습니다.
「**お連れ合い**」는 상대방 부부 중 한 명을 화제로 할 때 씁니다.
「**ご夫婦。ご夫妻**」는 상대방 및 제 3 자 부부를 화제로 올릴 때 쓰는 것이 적당합니다.

23 A1:はじめまして。 처음 뵙겠습니다.

하지메마시테.

24 A2:はじめてお目(め)にかかります。 처음 뵙겠습니다.

하지메테 오메니 카카리마스.

25 A3:すみません。 미안합니다.

스미마센.

26 A4:申(もう)し訳(わけ)ありません。 죄송합니다.

모우시와케 아리마센.

27 A5:どうも。 아무리 해도. 어쩐지. 어딘지.

도우모. 정말. 정말로. 대단해.

(감사/사과 등을 표현하는 말에 붙여서)

28 A6:あのう。 저기.

아노우.

29 A7:ちょっと。 잠시만요.

첫토.

남에게 말 걸거나 부탁을 할 때, 주의를 끌 때 쓰는 말입니다.

「はじめまして。처음 뵙겠습니다.」는 처음 만난 사람에게 인사를 할 때 쓰는 기본적인 표현입니다. 아주 평범하지만 어떤 사람에게도 쓸 수 있는 편리한 말입니다.

「はじめてお目(め)にかかります。처음 뵙겠습니다.」는「はじめまして」보다 정중한 표현이며 이 말을 쓸 때는 배꼽인사를 하는 것이 예의입니다.

「すみません。미안합니다.」은 남에게 무언가 부탁을 할 때 쓰는 대표적인 말입니다. 요새는「すいません」을 쓰는 사람이 많아져 이 표현을 인정하는 사전도 가끔 나오긴 한데 원래는 올바른 표현이 아닙니다.

그래서「すいません」라고 하면 지적인 이미지에서 멀어진다고 하는 사람도 많으니「すみません」이라는 올바른 표현을 쓰는 것이 낫겠습니다.

「すみません」에는 '폐를 끼쳐서 죄송하다' '시간을 빼서 죄송하다'라는 사죄의 뉘앙스가 있는 반면에 '신경을 써줘서 고맙다'라는 감사의 뜻도 포함되어 있으니 사과를 받았는지 감사의 말이였는지 잘 살펴봐야 합니다.

「申(もう)し訳(わけ)ありません。죄송합니다.」는「すみません」을 높인 표현입니다.

「どうも。아무리 해도. 어쩐지. 어딘지. 정말. 정말로. 대단히.」는 원래 그 뒤에 이어지는「申(もう)し訳(わけ)ないですが。죄송합니다만」「失礼(しつれい)ですが。실례하지만」이라는 말을 생략한 표현이므로 상대방을 정중하는 느낌이 없어집니다만 그 대신 상대방과의 친근감을 표하는 말이기도 합니다.

또한 요새는「どうも」가 인사 / 사죄 / 감사 /등을 표현하는 말로 널리 사용되어 있어서「どうも」에 상당하는 적당한 한국어를 찾을 수 없습니다.

「あのう。저기.」는 상대방의 시선을 자기에게 끌고 싶을 때 쓰는 말입니다. 망설이는 마음이 포함되어 있어서 '저에게는 과분한 일이지만'이라는 마음을 표현해서 상대방을 정중하는 말이 됩니다.

「ちょっと。잠시만요.」는「ほんの少(すこ)し。잠깐만.」이라는 뜻으로「ほんの少(すこ)しだけ私(わたし)に注意(ちゅうい)を向(む)けてください。잠깐만 저에게 주의를 주세요」「ほんの少(すこ)ししかお手間(てま)を取(と)らせません。잠깐만 폐를 끼칠게요」라는 마음을 표현하는 말입니다. 이것은 다 상대방에게 폐를 끼치지 않겠다는 상대방을 배려하는 표현으로 쓰입니다.

30 A1: お手数(てすう)ですが。 수고스럽겠지만.

오테스우 데스가.

31 A2: 失礼(しつれい)ですが。 실례지만.

시트레이 데스가.

32 A3: ちょっと失礼(しつれい)ですが。 잠시 실례지만.

첫토 시트레이 데스가.

33 A4: まことに失礼(しつれい)でございますが。 정말로 실례합니다만.

마코토니 시트레이데 고자이마스가.

34 A5: はなはだ失礼(しつれい)とは存(ぞん)じますが。

하나하다 시트레이토와 존지마스가.

매우 실례라고는 생각합니다만.

35 A6: はなはだぶしつけではございますが。

하나하다 브시트케데와 고자이마스가.

매우 무례한 일입니다만.

36 A7: 恐(おそ)れ入(い)りますが。 죄송합니다만.

오소레 이리마스가.

37 A8: 夜分(やぶん)恐(おそ)れ入(い)りますが。 밤 중에 죄송합니다만.

야분 오소레 이리마스가.

38 A9: こんな時刻(じこく)に申(もう)し訳(わけ)ありませんが。

콘나 지코크니 모우시와케 아리마센가.

이런 시간에 죄송합니다만.

39 A10: 早朝(そうちょう)から申(もう)し訳(わけ)ないですが。

소우쵸우카라 모우시와케 나이데스가.

이른 아침부터 죄송합니다만.

상대방에게 부탁을 할 때나 상대방에게 고생을 시켰을 때, 폐를 끼칠 때 그 무례함을 사죄하는 말로 씁니다.

「お手数(てすう)ですが。수고스럽겠지만.」는 '수고스럽게 하지만' '폐를 끼치지만' 이라는 뜻입니다만 뭔가 부탁할 말을 꺼낼 때 쓰는 것이 올바른 표현이 됩니다.

「失礼(しつれい)ですが。실례지만.」는 무례함을 사죄한다는 뜻을 가지고 있으며 상대방에게 뭔가 물어볼 때 쓰는 것이 좋습니다.

「ちょっと失礼(しつれい)ですが。잠시 실례지만.」는 기차를 탔을 때 옆에 앉은 사람이 자기 외투 옷자락을 깔고 앉았을 경우 등에 살짝 불편을 전할 때 씁니다.

「まことに失礼(しつれい)でございますが。 정말로 실례합니다만.」「はなはだ失礼(しつれい)とは存(ぞん)じますが。 실례라고는 생각합니다만.」「はなはだぶしつけではございますが。 매우 무례한 일입니다만.」도 자기의 무례함을 사죄하는 말입니다만 이 뒤에 이어지는 말에는 포멀한 표현을 쓸 필요가 있습니다.

「恐(おそ)れ入りますが。 죄송합니다만.」는 의뢰나 질문을 할 때 그 말 앞에 붙이는 말입니다.

「夜分恐(やぶんおそ)れ入(い)りますが。 밤 중에 죄송합니다만.」「こんな時刻(じこく)に申(もう)し訳(わけ)ありませんが。 이런 시간에 죄송합니다만.」는 밤에 집을 방문하거나 전화를 걸었을 때 쓰는 말입니다.

「早朝(そうちょう)から申(もう)し訳(わけ)ないですが。 이른 아침부터 죄송합니다만.」는 이른 아침이 아니라도 아침에 집을 방문하거나 전화를 걸었을 때 씁니다.

40 A1: ここよろしいですか。 여기(앉아도)됩니까?

코코 요로시이 데스카?

41 A2: ここ空(あ)いてますか。 여기(자리)비어 있습니까?

여기 아이테 마스카?

42 A3: 待(ま)たせますね。 기다리게 하는군요?

마타세 마스네?

43 A4: 失礼(しつれい)ですが、どなたさまでいらっしゃいますか。

시트레이 데스가 도나타사마데 이랏샤이 마스카?

실례합니다만 누구십니까?

44 A5: 失礼(しつれい)ですが、どちらさまでしょうか。

시트레이 데스가 도치라사마 데쇼우카?

실례합니다만 누구십니까?

45 A6: 取次(とりつ)ぎを 承(うけたまわ)っておりますでしょうか。

토리트기오 타마왓테 오리마스 데쇼우카?

접수를 하셨습니까?

46 A7: どちらへご用(よう)でいらっしゃいますか。

도치라에 고요우데 이랏샤이 마스카?

어디에 일이 있으십니까?

47 A8: 誰(だれ)かお探(さが)しでしょうか。　누구를 찾으십니까?

다레카 오사가시 데쇼우카?

48 A9: 承(うけたまわ)ります。　용건을 받겠습니다.

우케타마와리 마스.

모르는 사람이나 처음으로 온 방문객등에게 말을 걸 때 쓰는 말입니다. 바로 용건부터 말하지 말고 간단한 인사말부터 시작하는 것이 중요합니다.

「ここよろしいですか。여기 됩니까?」는 말을 걸려고 하는 상대방 옆자리가 비어 있을 때 쓰는 말이며「ここ空(あ)いてますか。여기 비어 있습니까?」라고 해도 됩니다.

「待(ま)たせますね。기다리게 하는군요.」는 병원이나 시청, 구청와 같은 관청, 은행에서 자기 차례를 기다리고 있을 때 옆사람에게 말을 걸고

싶다면 이런 공감가는 말을 걸어보면 상대방도 대화상대가 되어줄겁니다.

「失礼(しつれい)ですが、どなたさまでいらっしゃいますか。실례합니다만 누구십니까?」는 처음 온 방문객에게 말을 걸 때 쓰는 말입니다. **「失礼(しつれい)ですが、どちらさまでしょうか。**실례합니다만 누구십니까?」도 같은 뜻이지만 **「失礼(しつれい)ですが、どなたですか。**실례합니다만 누구세요?」라고 하면 약간 무례한 느낌을 줄 수 있으니 조심하셔야 합니다.

「取次(とりつ)ぎを承(うけたまわ)っておりますでしょうか。접수를 하셨습니까?」는 처음 온 방문객이 실수로 안내/접수를 안 걸치고 바로 사무실에 들어왔을 경우 등에 이렇게 말을 걸어보도록 합시다.

또 **「どちらへご用(よう)でいらっしゃいますか。**어디에 일이 있으십니까?」**「誰(だれ)かお探(さが)しでしょうか。**누구를 찾으십니까?」도 마찬가지입니다.

「承(うけたまわ)ります。용건을 받겠습니다.」는 방문객이 헤매고 있을 때 거는 말입니다.

2. 맞장구 (相(あい)づちの言葉(ことば))

A1:もちろん。 물론. 당연.

모치론.

50

A2:そうですね。 그렇네요.

소우데스네.

51

A3:なるほど。 과연.

나르호도.

52

A4:そうでしょうとも。 그렇겠지요.

소우데쇼우토모.

53

A5:そりゃそうだ。 그건 그렇다.

소랴 소우다.

54

A6:まったくそのとおり。まったくですね。そのとおりだ。

맛타크 소노토오리. 맛타크 데스네. 소노토오리다.

정말 그 말이 맞다.
정말 그렇군요.
그 말 그대로다.

55

A7:それはいえる。 그 말이 맞다.

소레와 이엘.

56

A8:やっぱり。 역시.

얍파리.

57
A9:そう、それで。　　그래 그래서.

소우, 소레데.

58
A10:①それから。 ②そしたら。 ③それからどうしました。

④で、どうしました。 ⑤それからどうなりました。

①소레카라? ②소시타라? ③소레카라 도우나리마시타?

④데, 도우시마시타? ⑤소레카라 도우 나리마시타?

①그리고? ②그랬더니?
③그리고 어떻게 했습니까?
④그리고 어떻게 했습니까?
⑤그리고 어떻게 되었습니까?

59
A11:とおっしゃいますと。　　그것은 무슨말씀인가요?

토 옷샤이 마스토?

이야기를 하고 있는 상대방 말에 동의를 하거나 맞장구를 칠 때 쓰는 말입니다. 맞장구는 상대방에게 '당신의 이야기를 듣고 있습니다'라는 것을 보여주는 것과 동시에 커뮤니케이션(communication)을 원활하게 만드는 말이 되기 때문에 적극적으로 사용합시다.

「もちろん。 당연, 물론」은 '두말할 필요 없다'는 뜻으로 적극적인 동의를 표현하는 말입니다.

「そうですね。그렇네요」는 상대방이 당신에게 뭔가를 물었을 때 가장 일반적인 대답이라고 할 수 있습니다.

일본사람들은 자기 주장을 말하기 전에 일단「そうですね。그렇네요.」라고 말해서 상대방 의사에 동의한 후, 긍정적 부정적 내용을 말하는 것이 '화합'을 중요시하는 일본문화에서의 예의입니다. 이때 '그렇네요'는 '당신의 의견에 동의합니다' 라는 것보다 '당신의 의견은 확실히 들었습니다' 라는 뜻 밖에 안됩니다.

「なるほど。과연」은 상대방이 말한 것에 납득한다는 뜻으로 쓰이며 **「まことに」「いかにも」**라는 말도 같은 뜻입니다.

「そうでしょうとも。그렇겠지요.」는 **「そうだとも」**보다 정중한 말이며 상대방의 말에 공감된다는 의미를 강조할 때 씁니다.

「そりゃそうだ。그건 그렇다」는 **「そうだ」「そうだね」**와 같은 뜻이며 친한 사이에서 쓰는 말입니다. **「それはそうだ」**를 줄인 말입니다.

「まったくそのとおり。まったくですね。そのとおりだ。정말 그 말이 맞다. 정말 그렇군요. 그 말 그대로다.」는 매우 강한 동의/공감을 표현하는 맞장구입니다. **「まったく」「そのとおり」**만 써도 같은 뜻이 됩니다.

「それはいえる。그 말이 맞다.」는 상대방의 말에 적극적으로 찬성하거나 동의할 때 쓰는 말입니다.

「やっぱり。역시」는 **「やはり。」**가 변한 것인데 '자기가 생각한 그대로다' 라는 동감의 뜻을 강조한 말입니다.

「そう、それで。그래 그래서.」는 원래 **「それで」**뒤에 '어떻게 됐어' 라는 말이 이어집니다. 상대방이 말하려고 하는 접속사 **「それで」**를 맞장구로써 쓰는 것으로 상대방이 말을 이어지기 쉽게 해주는 효과가 있습니다.

「それから。そしたら。それからどうしました。で、どうしました。それからどうなりました。그리고? 그랬더니? 그리고 어떻게 했습니까? 그리고 어떻게 했습니까? 그리고 어떻게 되었습니까?」는 그리고 어떻게 되냐고 물으면서 다음 이야기를 유도하는 말입니다.

「とおっしゃいますと。그것은 무슨 말씀인가요?」는 그 이야기의 이유를 물으면서 이유를 말하게끔 유도하는 말입니다.

60 A1:あら。 あらあら。 어머나! 어머 어머!

아라! 아라아라!

61
A2:おや。おやおや。 어머나! 어머 어머!

오야! 오야 오야!

62
A3:まあ。あらまあ。おやまあ。 어머나! 엄마야! 엄마야!

아라! 아라 마아! 오야 마아!

63
A4:あら大変(たいへん)。おや大変(たいへん)。まあ大変(たいへん)。 어머나 어떻게.

아라 타이헨. 오야 타이헨. 마아 타이헨.

64
A5:いやはや。 이런이런.

이야 하야.

65
A6:それはそれは。それは大変でした。それはどうも。

소레와 소레와. 소레와 타이헨 데시타. 소레와 도우모.

이런 이런.
그것은 큰 일이었네요.
그것은 참.

66
A7:よかったですね。 다행이네요.

요캇타 데스네.

67
A8:お察(さっ)しします。 わかります。 이해합니다.

오삿시 시마스. 와카리마스.

68
A9:まあまあ。 어머어머.

마아 마아.

맞장구를 칠 때 쓰는 말입니다. 대화가 활기를 띨 때 맞장구는 많아지기 마련입니다. 상대방도 적당한 타이밍에 적당한 맞장구가 들어가면 분위기는 더 고조됩니다.

맞장구는 커뮤니케이션(communication)의 윤활유입니다.

「あら。あらあら。어머나！ 어머 어머！」는 '어머나 어떻게 하지?'와 같은 뜻을 가진 여성적인 말이며 뭔가에 놀랐을 때 무의식중에 나오는 말입니다.

「おや。おやおや。어머나！ 어머 어머！」는 '의외다' 라는 뜻이 숨어 있는 남성적인 말입니다.

「まあ。あらまあ。おやまあ。」는 뭔가에 놀랐을 때 또는 위기감을 느꼈을 때 쓰는 말입니다. 「あら。おや。まあ。어머나! 엄마야! 엄마야！」는 3대 놀람표현사가 됩니다.

「いやはや。이런 이런.」는 '어이가 없다' 라는 뉘앙스가 강한 말입니다.

「それはそれは。それは大変(たいへん)でした。それはどうも。이런 이런. 그것은 큰 일이였네요. 그것은 참.」는 상대방에 동정하는 마음을 가볍게 표현할 때 씁니다.

「よかったですね。다행이네요.」는「それはよかった。그것은 다행이다.」와 같은 뜻이지만 말투가 더 정중하기 때문에 더욱 침착 냉정한 이미지를 주게 됩니다.

「お察(さっ)しします。わかります。이해합니다.」는 상대방이 슬픔이나 분노를 호소할 때 대답으로 쓰면 효과적인 말입니다. 「わかります」보다「お察(さっ)しします」가 더 정중한 느낌의 말입니다.

A1:①さあ、どうでしょうか。 ②さあ、どうかな。
③さあ、どうですか。

①사아 도우데쇼우카. ②사아 도우카나. ③사아 도우데스카.

①글쎄 어떨까요. ②글쎄 어떨까. ③글쎄 어떻습니까.

70
A2:さあね。 글쎄.

사아네.

71
A3:おそらくね。 아마.

오소라크네.

상대방 말에 적극적으로 동의 못할 때 쓰는 말입니다.
「さあ、どうでしょうか。 さあ、どうかな。 さあ、どうですか。글쎄 어떨까요. 글쎄 어떨까. 글쎄 어떻습니까.」는 분명하게 긍정할 수도 부정할 수도 없을 때 쓰는 말입니다.
「さあね。글쎄」는 찬성 못 한다는 뉘앙스를 가진 맞장구입니다.
「おそらくね。아마」는 애매하지만 긍정에 가까운 말이며 추측적인 말이 됩니다.

A:がっかりですね。 실망이군요.

각카리 데스네.

상대방이 실망해서 낙담한 이야기를 들었을 때 위로해주는 말이 됩니다.

A1:そうですか、それは結構(けっこう)です。

소우데스카, 소레와 켁코우데스.

그렇습니까? 그것은 다행입니다.

74
A2:それはよかった。 그건 다행이다.

소레와 요캇타.

상대방에게서 하는 일이 잘 되고 있다거나 기쁜 소식을 들었을 때 쓰는 말입니다.

「そうですか、それは結構(けっこう)です。 그렇습니까? 그것은 다행입니다.」는 일이 잘 되고 있다는 말을 들었을 때 쓰는 말입니다.

「それはよかった。그건 다행이다.」는 상대방에게서 기쁜 소식을 들었을 때 쓰는 말입니다.

A1: とんとんですよ。 ぼちぼちです。

톤톤데스요. 보치보치데스.

그냥 그래요.
그저 그렇습니다.

76 A2: 大穴(おおあな)をあけてしまいまして。 큰 손해를 봐서.

오오아나오 아케테 시마이 마시테.

77 A3: 痛手(いたで)です。 타격입니다.

이타데데스.

누군가가 사업등에 대한 성과나 현황을 물었을 때 이렇게 대답을 합니다.

예를 들으면「ずいぶん儲(もう)けたでしょう。돈 많이 벌었겠네요?」라는 말을 들었을 때 이런 표현들을 씁니다.

「とんとんですよ。 ぼちぼちです。그냥 그래요. 그저 그렇습니다.」는 겸손과 견제의 뜻이 포함되어 있는 말이며 '収支(しゅうし)はプラスマイナス・ゼロ = 수지는 플러스 마이너스 제로, 수입과 수출에 차이가 없다'라는 뜻입니다.

「大穴(おおあな)をあけてしまいまして。큰 손해를 봐서.」는 과장한 표현으로 「大損(おおぞん)した = 손해를 크게 봤다」라는 뜻입니다. 이런 표현을 들으면 상대방은 그 사람에게서 이상하게도 여유를 느껴지는 법입니다.

「痛手(いたで)です。타격입니다.」는 위기감을 표현한 말입니다. 「大穴(おおあな)をあけてしまいまして」보다 위기감이 느껴지는 말입니다.

78 **A: どうも、お恥(は)ずかしいことで。**

도우모 오하즈카시이 코토데.

참 부끄러운 일입니다.

예를 들어서 나이 든 사람이 재혼을 한다고 할 때 좋은 소식이지만 '**てれくさい** = 쑥스럽다' '**ばつが悪(わる)い** = 난처하다' 할 경우에 쓰이는 말입니다.

79 **A: どういたしまして。** 천만에요.

도우 이타시 마시테.

상대방에게서 사과나 감사에 말을 들었을 때 할 대답의 말입니다.

3. 정중한 표현 (丁寧(ていねい)な言葉(ことば))

사람과 커뮤니케이션(communication)을 할 때 망신 당하지 않기 위해 꼭 알아야 하는 정중한 말들입니다. 이것 만큼은 다 외우고 많이 쓰고 익히셔야 합니다. 그것이 일본어 능력을 늘리는 비결이죠. 일본사람도 다 외워야지 공식적인 장면에서는 메모라도 있지 않은 이상 제대로 쓸 수 있는 사람이 잘 없는 말들입니다.

현실적으로 메모를 보면서 대화를 할 수는 없으니 우선 아래 30 항목을 다 외워보십시오.

이것들을 다 외우시면 당신은 교양 있는 일본사람으로부터 '교양 있는 한국사람' 이라는 평가를 받을 수 있을 것입니다.

80

A1：あります。 → ございます。

고쟈이마스.

있습니다.

81

A2：ありません。 ないです。 → ございません。

고쟈이마센.

없습니다.

82

A3：そうです。 そのとおりです。 → さようでございます。

사요우데 고쟈이마스.

그렇습니다.

83

A4：わかりました。 → かしこまりました。

카시코마리마시타.

알겠습니다.

84
A5: やれません。 → いたしかねます。

이타시카네마스.

할 수 없습니다.

85
A6: 知(し)りません。 わかりません。 → 存(ぞん)じません。

존지마센.

모릅니다.

86
A7: やってもらえませんか。 してもらえないでしょうか。

→ お願(ねが)いできませんでしょうか。

오네가이 데키마센 데쇼우카?

부탁드리면 안되겠습니까?

87
A8: どうでしょうか。 → いかがでございましょうか。

이카가데 고자이 마쇼우카?

어떻습니까?

88
A9: ちょっと待(ま)ってください。 → 少々(しょうしょう) お待(ま)ちください。

쇼우쇼우 오마치 크다사이.

잠시만 기다려 주세요.

89
A10: はあ。 なんですって。 → かしこまりました。

카시코마리마시타.

알겠습니다.

90
A11:よろしいです。 わかりました。 → 結構(けっこう)でございます。

켁코우데 고자이마스.

좋습니다. 알겠습니다.

91
A12:今(いま)、いません。 → ただいま席(せき)を外(はず)しております。

타다이마 세키오 하즈시테 오리마스.

지금 자리를 비웠습니다.

92
A13:すみませんが。 → おそれいりますが。

오소레 이리마스가.

송구스럽습니다만.

→ ご面倒(めんどう)ですが。

고멘도우 데스가.

수고스럽습니다만

93
A14:忙(いそが)しいのに悪(わる)いんですが。

→ お忙(いそが)しいところ恐縮(きょうしゅく)ですが。

오이소가시이 토코로 쿄우슈크 데스가.

바쁘신 데 죄송합니다만.

94
A15:電話(でんわ)してください。 → お電話(でんわ)をお願(ねが)いします。

오덴와오 오네가이 시마스.

전화해주십시오.

95
A16：こちらからお電話(でんわ)させて頂(いただ)きます。

こちらから電話(でんわ)します。 → こちらからお電話(でんわ)申(もう)し上(あ)げます。

코치라카라 오덴와 모우시 아게마스.

이쪽에서 전화드리겠습니다.

96
A17：来(き)てくれませんか。 → ご足労願(そくろうねが)えませんでしょうか。

고소크로우 네가에마센 데쇼우카?

와 주시지 않겠습니까?

→ お越(こ)し頂(いただ)けませんでしょうか。

오코시 이타다케마센 데쇼우카?

와 주시지 않겠습니까?

97
A18：何(なに)か用(よう)ですか。 → どのようなご用件(ようけん)でしょうか。

도노요우나 고요우켄 데쇼우카?

어떤 일로 오셨습니까?

98
A19：何(なに)か聞(き)いてますか。

→ 何(なに)かお聞(き)きになっていらっしゃいますか。

나니카 오키키니 낫테 이랏샤이 마스카?

무엇인가 들으신 이야기가 있습니까?

99
A20：いま見(み)てきます。 → ただいま見(み)て参(まい)ります。

타다이마 미테 마이리 마스.

당장 보고 오겠습니다.

100 A21：話(はなし)は聞(き)いています。 → お話(はなし)は承(うけたまわ)っております。

오하나시와 우케타마왓테 오리마스.

이야기는 들었습니다.

101 A22：言(い)っておきます。 → 申(もう)し伝(つた)えておきます。

모우시 트타에테 오키마스.

전해드리겠습니다.

102 A23：こちらから行(い)きます。 → こちらからお伺(うかが)い致(いた)します。

코치라카라 오우카가이 이타시마스.

저희들이 가겠습니다.

103 A24：いま都合(つごう)はどうですか。 → 今(いま)ご都合(つごう)は如何(いかが)でしょうか。

이마 고트고우와 이카가데 쇼우카?

지금 시간은 어떻습니까?

104 A25：どうしますか。 → いかが致(いた)しましょうか。

이카가 이타시마 쇼우카?

어떻게 하시겠습니까?

105 A26：誰(だれ)ですか。 → どちらさまでしょうか。

도치라사마 데쇼우카?

누구십니까?

106 A27：こっち。これ。ここ。 → こちら。

코치라.

이 분. 이쪽. 이것. 여기.

107
A28：そっち。それ。そこ。 → そちら。

소치라.

그 분. 그쪽. 그것. 거기.

108
A29：あっち。あれ。あそこ。 → あちら。

아치라.

저 분. 저쪽. 저것. 저기.

109
A30：どっち。どれ。どこ。 → どちら。

도치라.

어느 분. 어느 쪽. 어떤 것. 어디.

4. 이웃과의 인사 (近所(きんじょ)の人(ひと)との挨拶(あいさつ))

110 A1: お出(で)かけですか。 외출하세요?

오데카케 데스카?

111

A2: どちらへ。 어디로 가십니까?

도치라에?

112

B1: ええ、ちょっとそこまで。 예, 잠깐 저기요.

에, 촛토 소코마데.

113

B2: あんまり天気(てんき)がいいものですから。

안마리 텐키가 이이모노 데스카라.

날씨가 너무 좋아서요.

일본사람들이 말하는 「**お出(で)かけですか。** 외출하세요?」 「**どちらへ。** 어디로 가십니까?」 「**ええ、ちょっとそこまで。** 예, 잠깐 저기요」 「**あんまり天気(てんき)がいいものですから。** 날씨가 너무 좋아서요」는 어디로 가는지 궁금해서 묻는 말이 아닙니다. 또한 어디로 가는지 대답 할 필요도 없습니다.

어디까지나 근처에 사는 사람들과의 정형적인 인사말로 의미는 별로 없습니다. '안녕하세요?'와 같은 인사라고 생각하시면 됩니다.

114 A:行(い)ってらっしゃい。 잘 갔다오세요.

잇테 랏샤이.

115 B:行(い)ってきます。 다녀 오겠습니다!

잇테 키마스.

「行(い)ってらっしゃい。 잘 갔다오세요」는 기본적으로 손윗사람으로 부터 아랫 사람에게 하는 인사말입니다.
이웃사람이 집을 막 나가려고 할 때 벌써 그 사람이 어디로 가는지 알고 있는 경우에 사용합니다.
학교로 가는 옆집 아이에게는 써도 되지만 출근하는 이웃집 남편에게는 쓰지 않은 것이 좋겠습니다.
또 자기보다 나이가 작은 옆집 부인이 쇼핑하러 나가려고 할 때 우연히 만났을 경우에는 써도 됩니다만 접객업소 같은 곳에서 일하는 사람이 출근할 때에는 사용하지 않는 것이 좋습니다.

116 お早(はや)いですね。 일찍 나가시네요.

오하야이 데스네?

새벽녘 보통 사람들이 아직 자고 있는 시간에 이웃 사람과 만났을 때 하는 인사입니다.

항상 이른 아침에 만나는 사람에게는 「お早(はよ)うございます。안녕하세요?」라고 인사해도 됩니다만 이른 아침에 만날 일이 드문 사람을 만났을 때에는「お早(はや)いですね。 일찍 나가시네요」라고 인사합니다.

「お早(はや)いですね、 일찍 나가시네요」는 자신에게 있어서 이른 시간이라고 해도 상대방에게는 그렇게 이른 시간이 아닌 경우에 심술궂은 말로 들릴 수 있으니 주의합시다.

117 お気(き)をつけて。 조심해서 가세요.

오키오트케테.

여행 떠나는 사람이나 밤 늦은 시간에 집으로 돌아가려는 사람, 날씨가 안 좋을 때 집으로 돌아가려는 사람에게 거는 말입니다.
무사히 돌아가라고 상대방을 배려하는 의미로 가볍게 사용한다면 아무 문제 없습니다.
다만 불안한 발걸음으로 지나가는 나이 많은 사람에게 이렇게 말하면 미움 받을 수도 있기 때문에 주의합시다.

118

118 A1 : いいあんばいに天気(てんき)が良(よ)くなりましたね。

이이 안바이니 텐키가 요크나리 마시타네.

다행히 날씨가 좋아졌네요.

119 A2:いいあんばいに晴(は)れましたね。

이이 안바이니 하레 마시타네.

다행히 날씨가 갰네요.

120 B1:ほんとに、おかげさまで。 네,덕분에.

혼토니 오카게 사마데.

121 B2:好(よ)い塩梅(あんばい)ですね。 (날씨가 좋아서)다행이네요.

요이 안바이 데스네.

「いいあんばい」と「よいあんばい」는 같은 의미입니다.

「いいあんばいに天気(てんき)が良(よ)くなりましたね。다행히 날씨가 좋아졌네요」

「いいあんばいに晴(は)れましたね。다행히 날씨가 갰네요」는 오랫동안 비가 계속 된 후 하늘이 맑아지고 날씨가 좋아졌을 때 쓰는 인사말입니다.

「ほんとに、お陰(かげ)さまで。네 덕분에」는 가볍게 대답을 할 때 씁니다.

「好(よ)いあんばいですね。(날씨가 좋아서) 다행이네요.」는 맑은 하늘이 계속 되었을 때 날씨가 일에 영향을 미치는 직장에 다니는 사람사이에서 주고 받는 인사입니다.

122 結構(けっこう)なおしめりですね。 좋은 가랑비군요.

켁코우나 오시메리 데스네.

오랜만에 비가 내려서 날라다니던 흙먼지가 진정되거나 혹은 시들어가던 식물들이 다시 생기를 찾았을 때 말하는 인사입니다. 봄부터 여름에 걸쳐 사용됩니다.

123 いつまでも、よく降(ふ)りますね。

이트마데모 요크 후리마스네.

비가 안 그치고 많이 내리는군요.

장마철에 쓰는 인사말입니다. 또 가을에 비가 오랫동안 내리는 시기에도 쓰이는 말입니다.

124 あいにくの、お天気(てんき)で。

아이니크노 오텐키데.

공교롭게도 비가 내리네요.

모처럼 휴일인데 비가 내렸을 때 아니면 어떤 식전(式典)에 출석하거나 외출하는 사람을 만났을 때 공교롭게도 비가 오기 시작했을 경우에 하는 말입니다.

125 はっきりしないお天気(てんき)ですね。 애매한 날씨군요.

학키리 시나이 오텐키 데스네.

당장 비가 내릴 것 같으면서 내리지 않는 흐린 하늘을 보면서 하는 인사말입니다. 흐린 하늘이 밝아지려고 할 때에는 사용하지 않습니다.

126 A：いいお天気(てんき)になりましたね。 날씨가 좋아졌네요.

이이 오텐키니 나리 마시타네.

127 B：やっと、蒲団(ふとん)が干(ほ)せますね。

얏토 후톤가 호세 마스네.

이제야 이불을 밖에 널 수 있네요.

오랜만에 날씨가 좋아졌을 때 이웃부인끼리 하는 인사말입니다. 「やっと蒲団(ふとん)が干(ほ)せますね。이제야 이불을 밖에 널 수 있네요」 라고 남자가 말할 경우는 없습니다.

128 A1 : お寒(さむ)うございます。 춥네요.

오삼우 고자이마스.

129 A2 : お暑(あつ)うございます。 덥네요.

아트우 고자이마스.

130 A3 : 今年(ことし)の暑(あつ)さは、格別(かくべつ)でございますね。

코토시노 아트사와 카크베트데 고자이 마스네.

올해 여름 더위는 각별하군요.

131 A4 : いつまでも、お暑(あつ)うございますね。

이트마데모 오아트우 고자이 마스네.

날씨가 계속 덥네요.

「お寒(さむ)うございます。춥네요」는 추운 겨울에 하는 인사말입니다.

「お暑(あつ)うございます。덥네요」는 더운 여름에 하는 인사말입니다.

「お寒(さむ)うございます。춥네요」「お暑(あつ)うございます。덥네요」는 한마디로 끝나는 인사말 즉 겨울과 여름의 인사는 이 한마디로 충분하다는 뜻입니다.

「今年(ことし)の暑(あつ)さは 格 別(かくべつ)でございますね。올해 여름 더위는 각별하군요」는 무더운 한 여름에 하는 인사말입니다.

「いつまでもお暑(あつ)うございますね。날씨가 계속 덥네요」는 여름이 지나

도 더위가 남아있을 때 쓰는 인사말입니다.

132 なかなか好(よ)い気候(きこう)になりましたね。

나카나카 요이 키코우니 나리 마시타네.

참 좋은 시기가 되었군요.

엄한 폭서가 지나 가을이 와서 한숨 돌릴 수 있게 되었을 때 하는 인사입니다. 봄이나 가을에 사용됩니다.

133 春(はる)らしい気候(きこう)になりましたね。

하르라시이 키코우니 나리 마시타네.

날씨가 봄다워졌네요.

비가 내릴 때마다 따뜻해지는 봄무렵에 인사말입니다.

134 だいぶ春(はる)めいてまいりましたね。

다이브 하르메이테 마이리 마시타네.

봄이 더욱 더 다가왔네요.

매화 꽃이 피기 시작하는 무렵의 인사말입니다.

135 日(ひ)が長(なが)くなりましたね。 해가 길어졌네요.

히가 나가크 나리 마시타네.

동지를 지나면 일몰이 점점 늦어지기 때문에 '해가 길어진다'고 표현됩니다. 초봄부터 초여름쯤까지 쓰이는 말입니다.

136 相変(あいか)わらず、お暑(あつ)い毎日(まいにち)でございますね。

아이 카와라즈 오아트이 마이니치데 고자이 마스네.

여전히 더운 날이 이어지네요.

「お暑(あつ)うございます。덥네요」는 한마디로 끝낼 경우에 쓰는 말이였지만 「相変(あいかわ)らず、お暑(あつ)い毎日(まいにち)でござますね。여전히 더운 날이 이어지네요」라고 하면 이야기가 길어지기 마련입니다.

137 朝夕(あさゆう)はとても涼(すず)しくなりましたね。

아사유우와 토테모 스즈시크 나리 마시타네.

아침저녁이 정말 시원해졌어요.

여름이 지나 가을 기색이 느껴지는 무렵에 사용하는 인사말입니다.

138 A1:凌(しの)ぎ易(やす)くなりましたね。 견디기 쉬워졌어요.

시노기 야스크 나리 마시타네.

139 A2:ようやく朝夕(あさゆう)は凌(しの)ぎ易(やす)くなりましたね。

요우야크 아사유우와 시노기 야스크 나리 마시타네.

간신히 아침저녁은 견디기 쉬워졌어요.

늦더위가 겨우 지나가 가을의 시원한 바람이 불었을 무렵의 인사말입니다.

140 日が短くなりましたね。 해가 짧아졌네요.

히가 미지카크 나리 마시타네.

가을 끝날 쯤 저녁에 쓰는 인사말입니다. 12 월이 되면 사용하지 않습니다.

141 冷えるねぇ。 춥네.

히에르네.

한파가 와서 기온이 급격히 떨어졌을 때 하는 말입니다. 친한 친구나 손아랫사람에게만 쓸 수 있습니다.

142 いよいよ押し迫ってまいりましたね。

이요이요 오시 세맛테 마이리 마시타네.

드디어 새해가 다가왔어요.

연말에 주고 받는 인사말입니다. 올해도 얼마 안 남았다는 분주함을 말하는 인사말입니다.

5. 일 하고 있는 사람과의 인사 말 (仕事中(しごとちゅう)の人(ひと)との挨拶(あいさつ))

143 **お忙(いそが)しそうですね。** 바쁜 것 같네요.

오이소가시 소우데스네.

청소 등 집안일을 수전원 되고 있는 사람에게 거는 말입니다. 업무로서 일하고 있는 사람에게는 사용하지 않습니다.

144 **ご精(せい)が出(で)ますね。** 열심히 하시네요.

고세이가 데마스네.

집안일이나 취미생활을 하고 있는 사람에게 쓰는 말입니다. 마당에서 잡풀을 베어서 깨끗이 하거나 분재 손질, 세차나 왁싱, 벼랑 집의 페인트 칠 등을 하고 있는 사람에게 사용합니다.
다만 페인트 칠을 하고 있어도 업무로써 일하고 있는 페인트 업자사람에게는 「**ご精(せい)が出(で)ますね。**열심히 하시네요.」라고는 하지 않습니다.
직업으로서 일하고 있는 사람에게는 안 씁니다만 동업자끼리라면 사용해도 상관 없습니다. 또한 가족끼리 쓰는 말이 아닙니다.

145 **大変(たいへん)ですね。** 수고 많습니다.

타이헨 데스네.

「ご精が出ますね。열심히 하시네요」와 같은 의미로 사용하는 말입니다.

다만 재해 복구 작업이나 뒷처리등을 하고 있는 사람에게는「ご精が出ますね。열심히 하시네요.」라고는 하지 말고 「大変ですね。수고 많습니다.」라고 합니다.

6. 방문처 현관에서 인사 (訪問先(ほうもんさき)の玄関(げんかん)での挨拶(あいさつ))

146 A1:お邪魔(じゃま)にあがりました。 실례하겠습니다.

오쟈마니 아가리 마시타.

147 A2:お邪魔(じゃま)します。 실례하겠습니다.

오쟈마 시마스.

148 A3:ご近所(きんじょ)まで参(まい)りましたので。

고킨쵸 마데 마이리 마시타 노데.

근처까지 와서 돌렀습니다.

149 B1:ようこそ。 어서 오십시오.

요우코소.

150 B2:ようこそ、いらっしゃいませ。 어서 오십시오.

요우코소, 이랏샤이마세.

「お邪魔(じゃま)します。실례하겠습니다.」는 자기 집이 아닌 데를 방문했을 때 쓰는 인사말입니다.
또 현관에서 간단한 인사를 마친 후 집안에 들어갈 때 쓰는 말로서도 쓰입니다.」

또한 집안에 들어갔을 때 집에 누군가가 있을 경우에도「お邪魔(じゃま)します。실례합니다.」라고 가볍게 인사를 합니다.
그리고 현관에서 인사가 끝나, 집안에 오를 때 말하는 인사말로서도 사용합니다.
게다가 방에 통해져 이미 거기에 사람이 있는 경우에도「실례합니다.」라고 가볍게 인사를 합니다.
또한 일본에서는 현관에 들어가기 전에「모자· 코트· 장갑」등은 벗습니다.
「**ようこそ、いらっしゃいませ。**어서 오십시오.」는 과거형으로 해서「**ようこそ、いらっしゃいました。** 잘 오셨습니다.」라고도 합니다.」
또「**ようこそ。** 어서 오십시오. 」「**いらっしゃいませ。** 어서 오십시오.」라고 따로 따로 말해도 됩니다.」
하지만「**いらっしゃいました。** 오셨습니다.」만으로는 인사말이 되지 않습니다.
「**ようこそ。** 어서 오십시오.」「**いらっしゃいませ。** 어서 오십시오.」「**ようこそ、いらっしゃいませ。** 어서 오십시오.」는 방문객을 반갑게 맞이할 때 쓰는 표현입니다.

151 **どうもわざわざ。** 일부러 와주셔서 감사합니다.

도우모 와자와자.

방문객에게 인사를 받았을 때 대답으로 쓰는 말입니다.

152 **お邪魔(じゃま)しております。** 실례하고 있습니다.

오쟈마 시테 오리마스.

방에 통해져 다른 가족에게 인사할 때의 말입니다.

153 **お待(ま)ちどうさま。** 기다리게 해서 죄송합니다.

오마치도우사마.

방문처에서 주인이 옷 단장등을 한다고 바로 나갈 수 없어서 손님을 방에서 혼자 기다리게 했을 때 하는 인사 말입니다.
또한 주인이 무슨 일이 있어 중간에 자리를 비웠다가 다시 돌아왔을 때 사과의 뜻을 담아서 손님에게 쓰는 말입니다.

154 A1 : しばらくでした。 오래간만입니다.

시바라크 데시타.

155 A2 : お久(ひさ)しぶり。 오랜만이에요.

오히사시브리.

156 A3 : ご無沙汰(ぶさた)しております。 오랜만에 뵙겠습니다.

고브사타 시테 오리마스.

「しばらくでした。 오래간만입니다.」는 오래간만에 재회를 기뻐하는 일반적인 인사입니다.

「お久(ひさ)しぶり。 오랜만이에요.」는 오랜만에 만난 친구나 손아랫사람에게 사용합니다.

「ご無沙汰(ぶさた)しております。 격조하였습니다.」는 손윗사람에게 쓰는 말입니다.

157 A1 : 長(なが)い 間(あいだ) ご無沙汰(ぶさた)しておりました。

나가이 아이다 고브사타 시테 오리마시타.

오랫동안 연락을 못 드렸습니다.

158

A2:お変(か)わりございませんでしたか。

오카와리 고자이마센 데시타카?

별일이 없으셨습니까?

159

A3:ご無沙汰(ぶさた)いたしました。お変(か)わりございませんか。

고브사타 이타시마시타. 오카와리 고자이 마센카?

그동안 연락을 못 드렸습니다.
별일이 없으십니까?

신세를 진 손윗사람에게 오랜만에 연락을 할 때 쓰는 말입니다.

160

A1:お忙(いそが)しいときでは、なかったんでしょうか。

오이소가시이 토키데와 나캇탄 데쇼우카?

바쁘시지 않으세요?

161

A2:お忙(いそが)しいときでは、ありませんでしょうか。

오이소가시이 토키데와 아리마센 데쇼우카?

바쁘시지 않으세요?

162

B1:いいえ、今(いま)ちょうど暇(ひま)なときですから。

이이에. 이마 쵸우도 히마나토키 데스카라.

아니오, 지금 딱 한가할 때입니다.

「お忙(いそが)しいときでは、なかったんでしょうか。 바쁘시지 않으셨어요?」

と「お忙(いそが)しいときでは、ありませんでしょうか。 바쁘시지 않으세요?」

는 상대방의 시간을 뺏기지 않을까 배려할 때 사용하는 말입니다.

미리 약속을 했을 경우에는 「いいえ、今(いま)ちょうど暇(ひま)なときですから。아니오, 마침 한가한 때이기 때문에.」라고 상대에게」과「心配(しんぱい)せずに、くつろぐように。걱정하지 않고 느긋하게 쉬도록.」라고 하는 마음을 담아 대답합니다.

163 **これはお珍(めずら)しい。** 참 오랜만이네.

코레와 오메즈라시이.

동년배나 손아랫사람에게 사용합니다. 본인이 바쁘기 때문에 올 수 없었을 때에 말했을 경우는 놀라움과 기쁨의 표현이 됩니다.
상대가 바빠서 오랫동안 기다리게 되어 만났을 경우에 말하면 야유의 뉘앙스(nuance)가 강해지므로 말하지 않도록 조심합시다.

164 **お変(か)わりなくて結構(けっこう)です。**

오카와리 나크테 켁코우 데스.

별 일이 없어서 다행입니다.

건강상의 문제가 없어 좋았다고 하는 의미입니다. 연령의 상하에 관계없이 사용할 수 있어 오랜만에 만났을 때의 인사말입니다.

165 **ちっともお変(か)わりになりませんね。**

짓토모 오카와리니 나리마센네.

하나도 변함이 없으시네요.

「いつも若々(わかわか)しくっていらっしゃいますね。 언제나 젊어보이시는군요.」의 의미이지만 그 말투가 맞지 않게 된 연배의 사람에게 사용하는 인사말입니다.

166 どうも遅(おそ)くなりまして。 늦어서 죄송합니다

도우모 오소크 나리마시테.

약속시간에는 늦지 않았지만 상대보다 늦어 도착했을 경우의 말입니다.

약속 시각에 늦었을 경우는「どうも遅(おそ)くなりまして申(もう)し訳(わけ)ありません。아무래도 늦어져서 죄송합니다.」라고 사과하는 것이 예의입니다.

사과하기 전에 「交通(こうつう)が渋滞(じゅうたい)していた。 길이 막히고 있었다.」라던가 「急(きゅう)な来客(らいきゃく)があった。 갑작스러운 손님이 있었다.」라고 변명을 하는 것은 예를 잃게 됩니다.

167 お暇乞(いとまご)いかたがた参(まい)りました。

오이토마고이 카타가타 마이리 마시타.

작별 겸 방문했습니다.

이전보다 좋은 신분이 되고 상대와의 종래의 관계가 끊어지는 경우의 인사입니다.

예를 들면 하인·하녀가 존재했던 시대에 결혼 등이기 때문에 고향에 돌아갈 때에 신세를 진 인으로 하는 인사입니다.

현대로는 야유교사리로 밖에 용도가 없는 말이 되었습니다.

168 **さぁ、おあがんなさい。** 자 들어오세요.

사, 오아간 나사이.

손윗사람에게는 사용할 수 없습니다. 동년배나 손아랫사람에게 친밀감을 담아 사용하는 인사말입니다.
남편의 부하나, 어릴 때부터 알고 있는 사람에게 말하는데 적합합니다.

사모님으로부터 **「さぁ、おあがんなさい、待(ま)ってたのよ。** 아무쪼록 오르세요. 기다리고 있었습니다.」라고 인사 되면 호감도가 더합니다.

169 **おあがりください。** 이쪽으로 들어오세요.

오아가리 크다사이.

「おあがりください」는 현관에서 방문의 인사를 주고 받은 다음에 손님을 방에 부를때 말합니다.

관용적으로는 **「むさくるしい所(ところ)ですが、どうぞおあがりください。** 누추한 곳입니다만 어서 오세요.」라고 인사합니다.

170 **あがれ、あがれ。** 들어와, 들어와.

아가레, 아가레.

손아랫사람이나 극히 친한 관계에서만 사용할 수 있는 말입니다.
「あがれ、あがれ」보다 소프트하게 말하고 싶은 경우는 **「あがって、あがって」**라고 합니다.

171 **いいえ、お玄関先(げんかんさき)で失礼(しつれい)いたします。**

이이에, 오겐칸사키데 시트레이 이타시마스.

아니오, 현관앞에서 실례하겠습니다.

「お上(あ)がり下(くだ)さい。 어서 오세요.」라고 권유받았을 때의 사퇴의 말입니다. 주인측은 손님이 오르지 않았던 경우는「今度(こんど)、ぜひゆっくりお遊(あそ)びにいらしてください。 다음은 꼭 하루 놀러 와 주세요.」라고 덧붙이는 것을 잊지 않도록 합시다.

7. 현관앞에서 손님을 거절하는 말 (玄関(げんかん)で客(きゃく)を断(ことわ)る言葉(ことば))

172 あいにく差支(さしつか)えてお引(ひ)き留(と)めできませんが、是非(ぜひ)またお寄(よ)りください。

아이니크 사시트카에테 오히키토메 데키마센가 제히 마타 오요리 크다사이.

공교롭게도 용무가 있어서 만날수 없습니다만 부디 또 와 주세요.

손님에게 빨리 돌아가라고 하고 싶을 때 말하는 말입니다. 이 말을 들은 사람은 돌아가지 않으면 안 됩니다.

173 A1:いま取(と)り込(こ)んでおりますので。

이마 토리콘데 오리마스노데.

지금 바쁘니 상대를 할 수 없습니다.

174 A2:よんどころない用事(ようじ)で、後(あと)10分(ぷん)ほどで失礼(しつれい)します。

욘도코로 나이 요우지데 아토 짓푼 호도데 시트레이 시마스.

부득이한 용무로 10분 정도 뒤에 실례하겠습니다.

175 A3:折角(せっかく)お出(い)で頂(いただ)きましたのに、今(いま)ちょうど出(で)かけるところなんです。

섹카크 오이데 이타다키 마시타노니 이마 쵸우도 데카케르 토코로 난데스.

모처럼 와 주셨는데 지금 막 나가려는 참이였습니다.

176 A4:折角(せっかく)お出(い)で頂(いただ)きましたのに、あいにく20分(ぷん)しか時間(じかん)がなくてすみません。

섹카크 오이데 이타다키 마시타노니 아이니크 니짓푼 시카 지칸가 나크테 스미마 센.

모처럼 와 주셨는데 공교롭게도
20분 밖에 시간이 없어서 미안합니다.

갑작스럽게 손님이 왔지만 집에 들어오라고 하기 싫은 경우나 빨리 돌아갔으면 좋겠다 싶을때 쓰는 말입니다.
다만 회사상사나 신세를 지고 있는 사람이 특별한 용무도 없이 방문해 왔을 경우에는 「先(さき)ほど親類(しんるい)に不幸(ふこう)があったという知(し)らせがあって、いま取(と)り込(こ)んでおりますので。 방금 전 친척에게 안좋은 일이 있다고 연락이 와서 지금 좀 바빠서요.」라고 하면 거절해도 모가 나지 않습니다.
「よんどころない用事(ようじ) 부득이한 용무」라고 했을 경우에는 그 용무에 대해서 설명하고 싶지 않다는 뜻이 있으므로 「えっ、どんな用事(ようじ)なの。外出(がいしゅつ)するの。 어,무슨 일?어디 가?」하면서 따지는 것은 상식적인 행동이 아닙니다.
유럽이나 미국에서는 갑작스런 방문객을 현관앞에서 끊어도 실례가 되지 않습니다만 일본에서는 손님을 거절하는 것은 어려운 일이기 때문에 「折角(せっかく)お出(い)で頂(いただ)きましたのに、今(いま)ちょうど出(で)かけるところなんです。 모처럼 와 주셨는데 지금 막 나가려는 참이였어요.」「折角(せっかく)お出(い)で頂(いただ)きましたのに、あいにく20分(ぷん)しか時間(じかん)がなくてすみません。 모처럼 와주셨

는데 공교롭게도 20 분 밖에 시간이 없어서 미안합니다.」라고 하면 손님도 오래 있지 않을 것입니다.

177 A1:しゃりが終わりました。

샤리가 오와리 마시타.

초밥 밥이 다 떨어졌습니다.

178 A2:ネタが切れました。 재료가 다 떨어졌습니다.

네타가 키레 마시타.

179 A3:もう終わりなんです。 이제 마감입니다.

모우 오와리 난데스.

180 A4:そろそろカンバンなので。 이제 문 닫을 시간이라서.

소로소로 칸반 나노데.

장사를 하는 사람이 반갑지 않은 손님을 거절할 때 쓰는 말입니다.

「しゃりが終わりました。초밥 밥이 다 떨어졌습니다.」「ネタが切れました。재료가 다 떨어졌습니다.」는 초밥집에서 쓰는 말이며 초밥이 다 팔려서 오늘은 문을 닫겠다는 뜻입니다.

「すみません。しゃりが終わりました。죄송합니다. 초밥 밥이 다 떨어졌습니다.」「すみません。ネタが切れました 죄송합니다. 재료가 다 떨어졌습니다.」라고 하면 아무리 끈질긴 야쿠자라도 어쩔 수 없이 돌아간답니다.
참고로「しゃり」는 초밥의 밥부분,「ネタ」는 초밥의 회 부분,「カンバン」은 종업시간이라는 뜻입니다.

181 A1:ふさがっているんです。 만석입니다.

후사갓테 이룬데스.

182 A2:団体(だんたい)さんがみえるんで。

단타이산가 미에룬데.

단체 예약 손님이 오시거든요.

183 A3:予約(よやく)が入(はい)っています。 예약 손님이 계십니다.

요야크가 하잇테 이마스.

자기 가게에 안왔으면 하는 손님을 거절할 때 자주 쓰이는 말입니다. 「すみません。ふさがっているんです。죄송합니다. 만석입니다.」라는 말을 들었으면 거절받았다고 생각합시다. 이 말을 듣고 「あそこ空(あ)いているじゃない。거기 비어있잖아요.」라고 하면서 강제로 들어가지 마십시오. 괜히 미움받을 뿐입니다.

그리고 아직 종업시간까지 멀었는데 빈자리가 많이 있는 경우에는 「これから団体(だんたい)さんがみえるんで。좀 이따가 단체 예약 손님이 오셔서요.」라고 하면서 거절 당할 경우도 있습니다.

「予約(よやく)が入(はい)っています。예약손님이 계십니다.」도 자주 쓰이는 거절의 말입니다.

자리가 비어있어도 반갑지 않은 손님에게는 「そこは予約席(よやくせき)です。거기는 예약석입니다」라고 하면서 거절할 수도 있습니다. 만약 정말로 자리가 없더라도 손님을 보내고 싶지 않다면 「・・時頃(じころ)なら空(あ)きます。~시

쯤이면 빈자리가 생길 겁니다.」라고 하겠지요. 자리가 있어도 못 들어간다면 그 가게가 손님을 그냥 보내고 싶다는 뜻입니다.

8. 응접실에서의 인사 (客間(きゃくま)での挨拶(あいさつ))

184 **はじめまして。** 처음 뵙겠습니다.

하지메 마시테.

처음 만난 사람에게는「**はじめまして、金貞佑(きむじょんう)と申(もう)します。** 처음 뵙겠습니다, 김 정우라고 합니다.」라고 인사 합니다.
또한「**はじめまして。** 처음 뵙겠습니다.」보다 약간 딱딱한 말인데「**お初(はつ)にお目(め)にかかります。** 오하트니 오메니 카카리마스.」도 있습니다.

185 **A1:いらっしゃいませ。** 어서 오십시오.

이랏샤이 마세.

186
A2:よくいらっしゃいました。 잘 오셨습니다.

요크 이랏샤이 마시타.

187
A3:ようこそ。 어서 오십시오.

요우코소.

「**いらっしゃいませ。** 어서 오십시오」는 손윗사람·연상의 방문객에게 쓰는 인사말입니다. 반대로「**よくいらっしゃいました。** 잘 오셨습니다」는 손윗 사람이나 연상의 방문객에게는 사용할 수 없습니다.
「**ようこそ** 어서 오십시오」는 「**よくいらっしゃいました**」와 같은 뜻이지만 손아랫사람에게 쓰는 인사말입니다.

188 A:みなさま(は)、お元気(げんき)でいらっしゃいますか。

미나사마(와) 오겐키데 이랏샤이 마스카?

모두들 건강하십니까?

189 B:はい、おかげさまで。 네, 덕분에.

하이, 오마게사마데.

「みなさま(は)お元気(げんき)でいらっしゃいますか。모두들 건강하십니까?」는 오랜만에 만난 지인에게 가족 안부를 묻는 말입니다.

「はい、おかげさまで 네, 덕분에」는 상대방이 안부를 물었을 때 대답으로 쓰는 말입니다.

「はい、おかげさまで」는「おかげさまで」「おかげさんで」「まあ、何(なん)とか」처럼 가볍게 받아 넘겨도 괜찮을 것입니다.

190 御無事(ごぶじ)で何(なに)よりです。 무사해서 다행이네요.

고브지데 나니요리 데스.

위험한 일을 당하거나 또 당할 뻔 했던 사람이 무사하게 돌아왔을 때는 이렇게 말해줍니다.

191 いつもお電話(でんわ)ばかりで、失礼(しつれい)しております。

이트모 오덴와 바카리데 시트레이 시테오리마스.

항상 전화로만 뵙네요.

평소에 전화상으로 연락을 주고 받는 사람끼리 처음으로 실제로 만났을 때 쓰는 인사말입니다.

「はじめまして、いつもお電話(でんわ)ばかりで、失礼(しつれい)しております。처음 뵙겠습니다. 항상 전화로만 뵙네요.」라고 인사합니다.

192 A:こんにちは、どうもご無沙汰(ぶさた)いたしまして。

콘니치와, 도우모 고브사타 이타시마시테.

안녕하세요, 너무 오랜만에 왔지요.

193 B:いいえ、こちらこそいつもご無沙汰(ぶさた)ばかりで。

이이에, 코치라코소 이트모 고브사타 바카리데.

아니오, 저희쪽이야 말로 늘 연락도 못드리네요.

안내된 방에 가족들이 인사하러 왔을 때의 회화입니다.

194 お疲(つか)れあそばしたでしょう。 힘드셨겠네요?

오트카레 아소바시타 데쇼우?

먼 곳에서 온 손님에게 쓰는 인사말이며 여성들이 쓰는 말입니다.

195 お疲(つか)れになったでしょう。 힘드셨겠지요?

오트카레니 낫타데쇼우.

먼 곳에서 온 사람 혹은 나이 많은 어른들에게 거는 말입니다.

196 ほんとにお久(ひさ)しぶりで、よくいらっしゃいました。

혼토니 오히사시브리데 요크 이랏샤이 마시타.

정말 오래간만이네요, 잘 오셨습니다.

오랫동안 만나지 못했던 사람이 방문해 왔을 때 하는 인사말입니다.

197 お忙(いそが)しいところ申(もう)し訳(わけ)ございません。

오이소가시이 도코로 모우시와케 고자이마센.

바쁘신 와중에 죄송합니다.

사람을 방문할 때는 당연히 상대방이 오라고 하는 시간에 맞춰서 가는 것이기 때문에 시간적으로 여유가 있다는 것은 알고 있겠지만 예의상 이렇게 인사를 하는 것이 일본 문화입니다.

198 お見限(みかぎ)りですね。 오래간만이군요.

오미카기리 데스네.

가게 장사를 하는 사람들이 쓰는 인사말입니다. 오랫동안 안보였던 손님이 오랜만에 왔을 때 쓰는 부드러운 느낌의 인사입니다.

199 ・・・さんにはお世話(せわ)になっております。

…산니와 오세와니 낫테 오리마스.

…씨에게는 신세를 지고 있습니다.

회사의 동료나 상사의 가족과 만났을 때의 인사말입니다.

「お兄(にい)さんにはお世話(せわ)になっております。형(오빠)에게는 신세를 지고 있습니다.」

「ご主人(しゅじん)にはお世話(せわ)になっております。남편에게는 신세를 지고 있습니다.」

라고 합니다.

A1:まぁ、おかけなさい。 어서 앉으세요.

마, 오카케 나사이.

201

A2:お当(あ)てなさい。 방석에 앉아 주세요.

오아테 나사이.

202

A3:お敷(し)きなさい。 방석에 앉으세요.

오시키 나사이.

203

B:恐(おそ)れ入(い)ります。 실례합니다.

오소레 이리마스.

「まぁ、おかけなさい」는 의자에 앉으라고 권할 때 쓰는 말입니다.
자기보다 손윗사람에게는 사용할 수 없습니다.

「お当(あ)てなさい」는 상대방이 아랫사람일 때 방석을 깔고 앉으라고 권할 때 쓰는 말입니다.
손윗사람이나 나이 많은 사람에게는「どうぞ、お当てください。 도우조 오아테 크다사이.」라고 합니다.

「恐(おそ)れ入(い)ります」는 위의 말들을 듣고 방석이나 의자에 앉을 때 쓰는 말입니다.

204 **いつもお噂(うわさ)を伺(うかが)っておりました。**

이트모 오우와사오 우카갓테 오리마시타.

항상 이야기는 들었습니다.

처음 만난 사람이라도 그 사람이 소개해준 사람과 친한 사람이면 이렇게 말합니다.

「自分(じぶん)は好意(こうい)と興味(きょうみ)を持(も)っているのです。자신은 당신에게 호감과 흥미를 가지고 있습니다.」라는 생각을 전하는 인사가 됩니다.

205 **先日(せんじつ)は大変(たいへん)お邪魔(じゃま)を致(いた)しました。**

센지트와 타이헨 오쟈마오 이타시마시타.

전번에는 신세 많이 지었습니다.

전번에 방문했을 때 대접을 받았다는 것에 대한 감사의 표현입니다.

206 **先日(せんじつ)は大変(たいへん)ご馳走(ちそう)さまでした。**

센지트와 타이헨 고치소우사마 데시타.

전번에는 잘 먹었습니다.

일본사람에게는 사람과 만났을 때, 전번에 만났을 때의 이야기로부터 시작해서 당신과의 관계를 소중하게 여기고 있다는 것을 전하는 문화가 있습니다.
비록 전번에 만난지 꽤 오래 되었더라도 신세를 진 고마움을 다시 한 번 말하는 것이 예의상 중요합니다.

예를 들면「もう一年になりますが、その節は大変お世話になりました。すっかりご馳走になって。벌써 1 년이 지났지만 그 때는 정말 신세 많이 졌습니다. 잘 먹었구요.」이렇게 인사합니다. 이것은 선물 같은 것을 받았을 때도 마찬가지 입니다.

207 折角のところを生憎。

석카크노 도코로오 아이니크.

모처럼 와주셨는데 미안하지만.

손님을 대접할 수 없는 사정이 있을 때 사용하는 말입니다.

208 A1:お忙しいですか。 바쁩니까?

오이소가시이 데스카?

209 B1:えぇ、相変わらずです。 네, 여전합니다.

에에, 아이카와라즈 데스.

210 B2:まぁ、ぼちぼちですよ。 뭐, 그럭저럭.

마아, 보치보치 데스요.

211 A2:結構ですね、お忙しくて。 좋으시겠어요, 바빠서.

켁코우 데스네, 오이소가시크테.

212 B3:はい、ありがとうございます。 네, 감사합니다.

하이, 아리가토우 고자이마스.

「お忙(いそが)しいですか. 바쁩니까？」는「お元気(げんき)ですか。안녕하십니까？」와 똑같이 사용되는 인사말입니다.

대답은 「えぇ、相変(あいか)わらずです。 네, 여전합니다.」 「まぁ、ぼちぼちですよ。뭐 그럭저럭 좋아요.」라고 합니다.

「けっこうですね、お忙(いそが)しくて。 좋으시겠네요, 바빠서.」 「はい、ありがとうございます。 네, 감사합니다.」는 서로가 건강하게 지낼 수 있다는 것을 기뻐하는 마음으로 주고 받는 것이 바람직할 것입니다.

213 A:この度(たび)は、またお世話(せわ)になります。

코노타비와 마타 오세와니 나리마스.

이번에는 신세를 지겠습니다.

214 B:どうぞ、ごゆるりと。 어서, 느긋하게 쉬세요.

도우조 고유르리토.

「この度(たび)は、またお世話(せわ)になります。이번에는 신세를 지겠습니다.」는 숙박소에 몇일동안 혹은 그것보다 더 오래 묵을 때 쓰는 인사말입니다.

여기서「また」는「再度(さいど)・또」라는 뜻이 아닙니다.

일본에서 호텔이나 여관에 숙박할 때도 이와 같이 인사하면 호감을 줄 수 있을 겁니다.

「どうぞ、ごゆるりと。 어서 느긋하게 쉬세요.」는 「どうぞ、ごゆっくりなさって下(くだ)さい。 어서 느긋하게 쉬세요.」와 같습니다.

215 どうぞ、ご遠慮なく。　사양하지 말고 편히 쉬세요.

도우조 고엔료나크.

손님이 황공스러워서 반듯하게 방석위에 앉아있을 때 편하게 앉아서 쉬도록 권하는 말입니다.

그것보다 정중한 말로서는 「どうぞご遠慮なく、お平らになってください。」가 있습니다. 「おたいらになってください」는 「膝をおくずしください。편하게 앉으세요」라고 해도 괜찮습니다.

216 A1 : ほんとにつまらない物ですが。

혼토니 트마라나이 모노 데스가.

정말 별거 아닙니다만.

217 A2:つまらない物ですけれど、これ家から。

트마라나이 모노 데스케레도 코레 우치카라.

별거 아니지만 이것 저희집에서(가져왔습니다.)

218 A3:お恥ずかしいんですけど、これ。

오하즈카시인 데스케도, 코레.

부끄럽습니다만, 이것(좀 받아주세요).

219 B:まぁ、ご丁寧に。　어머, 감사합니다.

마아, 고테이네이니.

간단한 선물을 전할 때 쓰는 말들입니다.

선물을 건네줄 때 「つまらない物ですが。 별거 아닙니다만.」이라고

겸손하게 꺼내는 것이 일본의 인사 문화입니다.

손님에게 선물을 챙겨줘서 돌려 보낼 경우에도 똑같이 「つまらない物(もの)ですが、おひとつ。 별거 아닙니다만 하나 받아 주세요.」 라든가 「荷物(にもつ)になって、お邪魔(じゃま)かもしれませんが。 짐이 되어서 방해 될지도 모르겠습니다만.」 이라고 해서 건네줍니다.

「お恥(は)ずかしいんですけど、これ。 부끄러운데 이것(좀 받아주세요).」는 답례의 의미를 담아서 손수 만든 물건 등을 전할 때 말합니다.

「まぁ、ご丁寧(ていねい)に。」는 선물 같은 것을 받았을 때 말하는 답례의 뜻을 가진 말입니다.

220 A1 : お寒(さむ)くありませんか。 춥지 않습니까?

오사무크 아리마센카?

221 A2 : お暑(あつ)くありませんか。 덥지 않습니까?

오아트크 아리마센카?

상대방이 느긋하게 쉬고 있는지 배려하는 말입니다.

222 A1 : 何(なに)もありませんが。 아무것도 없습니다만.

난니모 아리마센가.

223 A2 : なんにも召(め)し上(あ)がるものがなくて。

난니모 메시아가르 모노가 나크테.

아무것도 드릴 것이 없어서 미안합니다.

224 A3 : 生憎(あいにく)なんにもなくて。

아이니크 난니모 나크테.

공교스럽게도 아무것도 없어서 미안합니다.

225 A4 : なんにもお構(かま)いできませんで。

난니모 오카마이 데키마센데.

전혀 대접도 못 해서 죄송합니다.

226 A5 : お待(ま)ちどうさま、遅(おそ)くなってご免(めん)なさい。

오마치 도우사마, 오소크 낫테 고멘 나사이.

오래 기다리셨죠, 늦어져 미안해요.

227 A6 : お口(くち)に合(あ)いますかどうか。

오크치니 아이마스카 도우카.

입맛에 맞는지 어떤지요.

228 A7 : はい、熱(あつ)いのをどうぞ。

하이, 아트이노오 도우조.

자, 뜨거운 것을 드세요.

229 A8 : まあまあ、どうぞ。 어서 드세요.

마아마아, 도우조.

230 A9 : おあがりください。 드셔보세요.

오아가리 크다사이.

231 A10 : どうぞ召(め)し上(あ)がってください。 어서 맛있게 드세요.

도우조 메시아갓테 크다사이.

232
B1:結構(けっこう)なものを恐縮(きょうしゅく)です。

켁코우나 모노오 쿄우슈크 데스.

좋은 것을 받아 황송합니다.

233
B2:お言葉(ことば)に甘(あま)えて頂戴(ちょうだい)いたします。

오코트바니 아마에테 쵸우다이 이타시마스.

호의를 받아들여 잘 먹겠습니다.

234
B3:いただきます。 잘 먹겠습니다.

이타다키 마스.

235
B4:いやぁ、もう充分頂(じゅうぶんいただ)きました。 아니, 잘 먹었습니다.

이야아, 모우 쥬우분 이타다키 마시타.

236
B5:もう、ほんとに構(かま)わないでください。

모우 혼토니 카마와나이데 크다사이.

이제 정말 신경 쓰지 않아도 됩니다.

A는 손님에게 식사를 권할 때 쓰는 인사 말입니다. 「結構(けっこう)なものを恐縮(きょうしゅく)です。 좋은 것을 받아서 황송합니다.」「お言葉(ことば)に甘(あま)えて頂戴(ちょうだい)いたします。 호의에 감사하며 잘 먹겠습니다.」「いただきます。 잘 먹겠습니다.」는 식사를 대접 받았을 때 쓰는 말입니다.

「いやぁ、もう充分頂(じゅうぶんいただ)きました。 아니, 잘 먹었습니다.」「もう、ほんとに構(かま)わないでください。 이제 정말 신경 쓰지 않아도 됩니다.」는 식

사를 다한 후에 주인이「おかわり」를 권했을 때 그것을 사양하는 말입니다.

일본에서는 음식을 충분히 준비해놨어도「生憎(あいにく)なんにもなくて。 공교스럽게도 아무것도 없어서 죄송합니다.」「なんにもお構(かま)いできませんで。 전혀 대접도 못 해드려서 죄송합니다」와 같은 말을 하는 것이 예의입니다.

237 A1: お粗末(そまつ)さまでした。 변변치 못했습니다.

오소마트사마 데시타.

238 A2: お口(くち)に合(あ)いましたかどうか。

오크치니 아이마시타카 드우카.

입맛에 맞으셨는지 어떠셨는지요.

239 B1: 大変(たいへん)ごちそうさまでした。 정말 잘 먹었습니다.

타이헨 고치소우사마 데시타.

240 B2: 美味(おい)しゅうございました。 맛있게 잘 먹었습니다.

오이슈우 고자이 마시타.

식사가 끝나면 젓가락을 두고 「大変(たいへん)ごちそうさまでした。美味(おい)しゅうございました。정말 잘 먹었습니다. 맛있게 잘 먹었습니다.」라고 인사합니다.

주인측은「お粗末(そまつ)さまでした。お口(くち)に合(あ)いましたかどうか。 변변치 못했습니다. 입맛에 맞으셨습니까 어떠셨는지요.」라고 하고 상을 치웁니다.

241 お手洗(てあら)いを拝借(はいしゃく)したいのですが。

오테아라이오 하이샤크 시타이노 데스가.

화장실을 빌리고 싶은데요.

「お手洗(てあら)い・화장실」은 「トイレ・화장실」「ご不浄(ふじょう)・화장실」이라고도 합니다만 방문택에서「便所(べんじょ)・변소」라고 하는 것은 피하는 것이 좋을 것입니다.

242 A:およろしかったら、お風呂(ふろ)をどうぞ。

오요로시 캇타라 오후로오 도우조.

괜찮으시면, 목욕 좀 하시겠습니까?

243 B1:お先(さき)にどうぞ。 먼저 하세요.

오사키니 도우조.

244 B2:それでは、お言葉(ことば)に甘(あま)えて。 그러면, 먼저 하겠습니다.

소레데와 오코토바니 아마에테.

「およろしかったら、お風呂(ふろ)をどうぞ。괜찮으시면 목욕 좀 하세요.」는 먼 곳에서 온 손님이 땀 투성이가 되어 있는 경우나 자기집에 숙박하는 손님에게 자기 전에 목욕이나 샤워를 권할 때 쓰는 말입니다.

「お先(さき)にどうぞ。 먼저 하세요.」는 「1番風呂(いちばんぶろ)・맨 먼저 목욕을 하는 것」을 사양하고 나중에 들어가도 괜찮다는 뜻이 됩니다.

「それでは、お言葉(ことば)に甘(あま)えて。 그러면, 먼저 하겠습니다.」는 주인측의 권유에 응할 때 말하는 말입니다.

245 いいお湯(ゆ)でした。有難(ありがと)うございました。

이이 오유 데시타.　　아리가토우 고자이마시타.

목욕 잘하고 왔습니다.
고맙습니다.

목욕을 다 했다는 것과 동시에 먼저 들어가라고 권해준 것에 대한 감사의 마음을 표현하는 말입니다.

「いいお湯(ゆ)」라고 하는 표현은 「ちょうど好(よ)い湯加減(ゆかげん)(温度(おんど))・탕의 온도가 딱 좋았다.」라는 뜻입니다.

그래서「お茶(ちゃ)・차」의 온도가 딱 좋아도 그럴 때에는 쓸 수 없습니다.

246 A1:お床(とこ)(を)敷(し)きましょうか。　　이불(을) 깔까요?

오토코(오) 시키마 쇼우카?

247 A2:お休(やす)みになったら。　　쉬시면 어떻습니까?

오야스미니 낫타라?

248 B1:では、休(やす)ませて頂(いただ)きます。　　그럼, 쉬겠습니다.

데와, 야스마세테 이타다키마스.

249 B2:お休(やす)みなさい。　　안녕히 주무세요.

오야스미 나사이.

250
A3:どうぞ、ごゆっくりお休(やす)みください。

도우조 고육크리 오야스미 크다사이.

어서 마음 편하게 쉬십시오.

「**お床(とこ)(を)敷(し)きましょうか。** 이불(을) 깔까요?」는 밤 늦게까지 시간 갈줄 모르고 이야기를 나눴는데 자야 할 시간이 다가왔을 때 주인측이 손님에게 하는 말입니다.

「**お休(やす)みになったら。** 쉬시면 어떻습니까?」도 쌓이는 이야기도 다하고 손님에게 쉬시라고 권할 때 쓰는 말입니다. 「**では、休(やす)ませて頂(いただ)きます。** 그럼, 쉬겠습니다.」는 잘 시간이 다 돼서 자기 전에 하는 인사입니다. 주인보다 먼저 잘 때는「**お先(さき)に休(やす)ませて頂(いただ)きます。** 먼저 쉬겠습니다.」라고 합니다. 「**お休(やす)みなさい。**안녕히 주무세요.」는 이불을 깔고 나서 침실로 들어갈 때 쓰는 말입니다.

「**どうぞ、ごゆっくりお休(やす)みください。** 어서 편하게 쉬십시오.」는 손님이 쉬러 갈 때 주인측이 하는 인사입니다.

9. 작별 인사 (辞去(じきょ)するときの挨拶(あいさつ))

251 A1: どうも遅(おそ)くまでお邪魔(じゃま)しました。

도우모 오소크마데 오쟈마 시마시타.

정말 늦게까지 실례했습니다.

252 A2: すっかり長居(ながい)してしまいました。

슥카리 나가이시테 시마이마시타.

너무 오래 머물러 버렸습니다.

253 A3: そろそろ勝手(かって)ですけど。 이제 제 멋대로이지만.

소로소로 캇테 데스케도.

254 A4: おや、もうこんな時間(じかん)だ。

오야 , 모우 콘나 지칸다.

어머나, 벌써 시간이 이렇게 되었네.

255 A5: いただき立(だ)ちで申(もう)し訳(わけ)ありませんが。

이타다키 다치데 모우시와케 아리마센가.

얻어먹기만 해서 죄송합니다만.

256 A6: ここらでお暇(いとま)します。 그러면 여기서 실례하겠습니다.

코코라데 오이토마 시마스.

257 A7: そろそろお暇(いとま)します。 이제 실례하겠습니다.

소로소로 오이토마 시마스.

258 **A8:残念(ざんねん)ですけど、もうお暇(いとま)しないと。**

잔넨 데스케도 모우 오이토마 시나이토.

아쉽지만, 이제 나가봐야겠습니다.

방문댁에서 일어날 계기가 되는 인사 말입니다.

「**どうも遅(おそ)くまでお邪魔(じゃま)しました。**정말 늦게까지 실례했습니다.」는 밤 늦게까지 있었을 경우에 쓰는 작별인사 입니다.

「**すっかり長居(ながい)してしまいました。** 너무 오래 머물러 버렸네요.」도 너무 오랫동안 거기에 있었을 때 쓰는 말입니다.

이야기가 일단락됐을 때 혹은 주인측이「**お食事(しょくじ)でも。**식사라도.」라고 권해줬을 때에는 「**すっかり長居(ながい)してしまいました。もう失礼(しつれい)しなくては。**너무 오래 있었어요. 이제 일어나겠습니다.」라고 하면서 자리에서 일어나는 것이 일반적인 예의입니다.
방문처에서 식사나 술 등을 권유 받았을 때에는 거기서 하룻밤 자기로 했을 경우를 빼고「**そろそろ潮時(しおどき)。**이제 돌아갈 시간」이라고 생각하는 것이 일본의 문화입니다.

「**そろそろ勝手(かって)ですけど。** 이제 제 멋대로이지만」이라고 해서 일어나려고 할 때 주인측이 아쉬움을 나타내「**そうですか、でもまだ、いいではありませんか。** 그래요?하지만 좀 더 있어도 되지 않겠습니까?」라고 하면서 붙잡아도 거기서 더 오래 머무는 것은 미움 받는 일이니 주의합시다.
이럴 때는「**ええ、でももう。**예, 하지만 이제…」라고 하면서 자리에서 일어납시다.

「おや、もうこんな時間(じかん)だ。어머나, 벌써 시간이 이렇게 되었네.」는 적당히 돌아갈 시간을 가늠해서 시계를 보면서 말합니다.

그러나 주인이 이야기하고 있는 와중에 「ちらちらと時計(とけい)を見(み)て。힐끗 힐끗 시계를 보면서」 집으로 돌아갈 계기를 잡으려고 하는 태도는 상대방의 이야기를 소홀히 하는 일이 되기 때문에 좋지 않습니다.

「いただき立(だ)ちで申(もう)し訳(わけ)ありませんが。 얻어먹기만 해서 죄송합니다만」은 「食(く)い逃(に)げみたいですみません。무전취식을 하는것 같아서 미안합니다」를 보다 정중하게 말하는 말입니다.

「ここらでお暇(いとま)します。그러면 여기서 실례하겠습니다.」「そろそろお暇(いとま)します。이제 실례하겠습니다.」「残念(ざんねん)ですけど、もうお暇(いとま)しないと。아쉽지만 이제 나가봐야겠습니다.」는 작별하고 떠날 때 쓰는 정중한 말입니다.

259 A1:今日(きょう)は、反(かえ)ってご迷惑(めいわく)をおかけしてしまって。

교우와 카엣테 고메이와크오 오카케시테 시맛테.

오늘은 오히려 제가 폐를 끼쳐버렸네요.

260 A2:どうも勝手(かって)なことばかり言(い)ってしまって。

도우모 캇테나 코토바카리 잇테시맛테.

정말 저만 이야기해 버려서 미안합니다.

261
B1:いいえ、おかげさまで楽(たの)しかったです。

이이에, 오카게사마데 타노시 캇타데스.

아니오, 덕분에 즐거웠습니다.

262
A3:今日(きょう)はとても楽(たの)しかったです。

쿄우와 토테모 타노시 캇타데스.

오늘은 정말 즐거웠습니다.

263
A4:それでは週末(しゅうまつ)にまた。

소레데와 슈우마트니 마타.

그러면 주말에 또 뵙겠습니다.

264
A5:近(ちか)いうちにまた。 조만간에 또 봅시다.

치카이 우치니 마타.

265
A6:いずれまた日(ひ)を改(あらた)めまして。

이즈레 마타 히오 아라타메 마시테.

다음에 또 날 잡아서 뵙겠습니다.

266
B2:これをご縁(えん)に今後(こんご)ともどうぞよろしくお願(ねが)いします。

코레오 고엔니 콘고트모 도우조 요로시크 오네가이 시마스.

이번에 만난 것도 인연인데
앞으로도 잘 부탁드립니다.

267
B3:また出直(でなお)してまいります。 다시 오겠습니다.

마타 데나오시테 마이리마스.

「今日は、反ってご迷惑をおかけしてしまって。 오늘은 오히려 제가 폐를 끼쳐 버렸네요.」는 손님이 자리에서 일어날 때 주인측 손님측 양쪽 다 사용할 수 있는 말입니다.

「どうも勝手なことばかり言ってしまって。정말 저만 멋대로 이야기를 해버려서」는 이야기가 즐겁게 이어졌다고 해도 마지막에는 이렇게 말하면서 매듭짓습니다.

이럴 때 상대방은「いいえ、おかげさまで楽しかったです。아니오, 덕분에 즐거웠습니다.」라고 합니다.

「今日はとても楽しかったです。오늘은 정말 즐거웠습니다.」는 데이트를 했을 때나 파티에 초대 받았을 때 작별인사로 쓰는 말입니다.

「今日はとても楽しかったです。 오늘은 정말 즐거웠습니다.」에 이어

「また是非、誘ってください。다음에 또 불러주세요.」「また、お招きください。또 초대해주세요.」라고 하는 것을 잊지 맙시다.

「それでは週末にまた。그러면 주말에 또 뵙겠습니다.」는 회사에서 거래처와의 회의나 상담을 끝낼 때 다음에 언제 할지 약속이 정해져 있으면 「それでは ～ に、また。 그러면 ～에 또 봅시다」라고 하면서 끝냅니다.

그러고 나서「ではこちらから電話します。 그러면 저희쪽에서 연락드리겠습니다.」「ご連絡をお待ちしております。연락을 기다리겠습니다.」라고 하면서 다음 스케줄을 확인한 후 자리에서 일어납니다.

「近(ちか)いうちにまた。조만간에 또 뵙겠습니다.」는 확실히 약속한 것은 없지만 **「関係(かんけい)は切(き)らないでおきましょう。**인연은 끊지 맙시다.」라는 뜻으로 쓰이는 말입니다.
아직은 친하게 지내지 못하지만 언젠가 깊은 관계가 될 수도 있는 사람에게 사용할 경우가 많은 말입니다.

「いずれまた日(ひ)を改(あらた)めまして。다음에 또 날 잡아서 뵙겠습니다.」는 직장에서 거래처 사람과 처음으로 마련된 협의에서 합의를 못 봤을 경우에 쓰는 말입니다.

「これをご縁(えん)に今後(こんご)ともどうぞよろしくお願(ねが)いします。 이번에 만난 것도 인연인데 앞으로도 잘 부탁드립니다.」는 손님댁을 방문했는데 상담(商談)이 성사되지 않았을 경우 등에 이와 같이 인사하고 나갑니다.

「また出直(でなお)してまいります。 다시 오겠습니다.」는 방문했는데 상담조차를 거절 당했을 때 쓰는 인사말입니다.

10. 방문객을 보낼 때 쓰는 인사 말 (訪問客(ほうもんきゃく)を送(おく)り出(だ)すときの挨拶(あいさつ))

268 なんのお構(かま)いもできませんで。

난노 오카마이모 데키마센데.

대접도 못해드려서 죄송합니다.

정말 접대를 못했거나 갑자기 손님에 찾아왔을 때에는 말하지 않습니다. 방문객에게 겸손한 마음을 담아서 하는 인사말입니다.

269 なんのお愛想(あいそ)もございませんで。

난노 아이소모 고자이 마센데.

아무 대접도 안해서 죄송합니다.

친한 친구를 손님 취급 하지 않고 가족처럼 마음 편하게 대접했을 때에 말합니다.

270 A1:是非(ぜひ)またお寄(よ)りください。

제히 마타 오요리 크다사이.

다음에도 꼭 와주세요.

271 A2:おついでのときにはお寄(よ)りください。

오트이데노 트키니와 오요리 크다사이.

어디 가서 시간이 되시면
저희집도 들려주세요.

272 A3: お近くにお越しの節は、どうぞお寄りください。

오치카크니 오코시노 세트와 도우조 오요리 크다사이.

근처까지 오셨을 때는 들려주세요.

273 A4: 是非また遊びに来てください。

제히 마타 아소비니 키테 크다사이.

다음에도 꼭 놀러와 주세요.

「おついでのときにはお寄りください。시간 되시면 저희집도 들려주세요.」「お近くにお越しの節は、どうぞお寄りください。근처까지 오셨을 때는 저희 집도 들려주세요.」は、「わざわざ訪ねるほどの我が家ではありません。저희 집은 일부러 찾아오실 필요는 없습니다.」라는 겸손의 뜻을 가진 말입니다.

친구와 같은 친한 사이에서 이런 말을 하면 '겸사겸사해서 들린 것이 아닌데' 라고 하면서 기분 나쁘게 생각할 수도 있으니「是非またお寄りください。다음에도 꼭 오세요.」라고 하면 오해를 받지 않습니다.

겸손의 말도 너무 정도를 지나면 오해를 받을 수 있으니 조심하세요.

하지만 너무 단적으로 말하면 손윗사람들이 기분 나쁘게 받아들일 수 있으니 이 점도 주의하셔야 합니다.

「是非また遊びに来てください。다음에도 꼭 와주세요.」는 친한 친구나 후배, 손아랫사람이나 나이 작은 사람에세 씁니다.

274 A1：お気(き)を付(つ)けて。 조심해서 가세요.

오키오 트케테.

275 A2：お静(しず)かにお運(はこ)びください。 조심해서 들어가세요.

오시즈카니 오하코비 크다사이.

「お気(き)をつけて。 조심해서 가세요」는 일상생활에서「さようなら」를 더 높인 말이 됩니다. 비즈니스상에서는 귀가가 늦어지거나 술 한잔 한 후에 쓸 경우가 많습니다.

「お静(しず)かにお運(はこ)びください。 조심해서 들어가세요」는「お気(き)を付(つ)けて」를 더 높인 말입니다.

276 ・・にお待(ま)ちしております。

・・니 오마치시테 오리마스.

・・에 기다리고 있겠습니다.

「月曜日(げつようび)にお待(ま)ちしております。월요일날에 기다리겠습니다.」「10日(とおか)にお待(ま)ちしております。10 일날에 기다리겠습니다」라고 하면서 다음 약속을 확인시킵니다.

비즈니스상에서 거래처손님과의 다음 협의날짜가 정해져 있을 때는「いつもお出(い)で頂(いただ)いてすみません。늘 저희쪽으로 오게 해서 죄송합니다.」「がんばりましょう。열심히 합시다.」「いい仕事(しごと)にしましょう。

일 잘 되게 노력합시다.」와 같은 말을 덧붙입니다.

277 **今後(こんご)ともよろしくお願(ねが)いします。**

콘고토모 요로시크 오네가이 시마스.

앞으로도 잘 부탁드립니다.

「**近(ちか)いうちにまた。** 조만간에 또 뵙겠습니다」에 대응하는 말로 당분간은 직접적인 관계는 없지만 서로 인연을 끊지 말자라는 의사를 나타낸 인사말입니다.

11. 방문객과 헤어질 때 인사 말 (訪問客(ほうもんきゃく)と別(わか)れるときの挨拶(あいさつ))

278 お忙(いそが)しいところわざわざいらして頂(いただ)いて。

오이소가시이 토코로오 와자와자 이라시테 이타다이테.

바쁘신데 일부러 여기까지 와주셔서 고맙습니다.

손님이 왔을 때도 손님을 보낼 때도 사용할 수 있는 주인측의 인사말입니다.

279 A1 : 大変(たいへん)ごちそうになりました。

타이헨 고치소우니 나리마시타.

정말 잘 먹었습니다.

280 A2 : 大変結構(たいへんけっこう)なおもてなしを頂(いただ)きまして。

타이헨 켁코우나 오모테나시오 이타다키마시테.

정말 좋은 대접을 받아서 고맙습니다.

대접을 받았을 때 감사를 전하는 인사입니다.

281 A1 : さようなら。 안녕히 가세요.

사요우나라.

282 A2 : ごめんください。 실례합니다.

고멘 크다사이.

283
A3: ではごめんなさい。 그럼 실례하겠습니다.

데와 고멘나사이.

284
A4: ごめんくださいまし。 실례합니다.

고멘 크다사이마시.

285
A5: ごきげんよう。 안녕하세요. 안녕히 가세요.

고키겐요우.

286
A6: おやかましゅうございました。 여러분 실례했습니다.

오야카마슈우 고자이마시타.

287
A7: お達者(たっしゃ)で。 건강하게 잘 지내세요.

오탓샤데.

288
A8: それでは失礼(しつれい)します。 그러면 실례하겠습니다.

소레데와 시트레이 시마스.

289
A9: 失敬(しっけい)します。 실례하겠습니다.

식케이 시마스.

290
A10: ご機嫌(きげん)よろしゅう。 건강하게 지내세요.

고키겐 요로슈우.

291
A11: お大事(だいじ)に。 몸조리를 잘 하세요.

오다이지니.

292
B:どうもいろいろ御親切(ごしんせつ)に。

도우모 이로이로 고신세트니.

여러가지 신경 써주셔서 고맙습니다.

「さようなら。 안녕히 가세요.」는 손윗사람에게는 사용할 수 없습니다만「ごめんください。실례합니다.」는 사용해도 괜찮습니다.

「ごめんください。 실례합니다.」는 작별인사인「さようなら。 안녕히 가세요.」를 높인 말이고 또 공손한 말이며 나이 많으신 분들이 사용합니다.

작별의 뜻 말고도 사과할 때나 누군가를 방문했을 때 하는 인사말로써도 사용됩니다.

「ではごめんなさい。 그러면 실례합니다.」 「ごめんくださいまし。실례합니다.」는「ごめんください。실례합니다.」와 같은 의미입니다만 대부분 여성들이 사용하는 말입니다.

「ごきげんよう。」는 「こんにちは。 안녕하세요?」과「さようなら. 안녕히 가세요. 」의 두 가지 의미로 사용되는 품위있는 말입니다. 건강을 축하하고 또 서로의 건강을 기도하는 말입니다.

「おやかましゅうございました。여러분 실례했습니다.」는 방문처에서 신나게 수다를 떨고 난 후 자리에서 일어날 때 말하는 말이며 가족이나 직장의 주위 동료들에게 쓰는 인사말입니다.

「お達者(たっしゃ)で。 건강하게 잘 지내세요.」는 이제 만날 일이 없겠다고 생각되는 사람으로 상당히 나이 드신 사람에게 하는 이별의 인사말입니다. 일본 노촌을 여행했을 때「할아버지」「할머니」에게 이렇게 말하면 좋을 것입니다.

「それでは失礼(しつれい)します。그러면 실례합니다.」는 비즈니스(business)상에서 제일 잘 쓰는 인사말입니다.

「**失敬(しっけい)します。**실례합니다.」는 「**失礼(しつれい)します。**실례합니다.」와 같은 의미를 가지고 있지만 나이가 있는 남성이 잘 쓰는 인사 말입니다.

「**ご機嫌(きげん)よろしゅう。** 건강하게 지내세요.」는 손님을 배웅할 때 마지막에 하는 인사말입니다.

「**お大事(だいじ)に。** 몸조리를 잘 하세요.」는 질병이나 사고 때문에 누워있는 사람을 병문안했을 경우 자리에서 일어날 때 말하는 작별인사입니다.

상대방은「**どうも、いろいろ御親切(ごしんせつ)に。**여러 가지 신경 써주셔서 고맙습니다.」라고 대답을 합니다.

293 **お先(さき)に失礼(しつれい)します。** 먼저 실례합니다.

오사키니 시트레이 시마스.

「**お先(さき)に失礼(しつれい)します。** 먼저 실례합니다. 」는 자기 외에도 손님이 있을 경우에 그 손님에게 쓰는 말입니다.
주인이 배웅하러 나오려고 할 경우에는 「**どうぞ、そのままで。**일어나지 마세요.」라고 사양하는 것이 예의입니다.

또한 퇴근시간이 지났는데도 동료가 남아 있을 때도 「**お先(さき)に失礼(しつれい)します。** 먼저 실례합니다.」라고 인사합니다.

294 では失礼(しつれい)してここで。 그럼 여기서 실례하겠습니다.

데와 시트레이시테 코코데.

일본에서는 남의 집을 방문할 때 현관안에 들어가기 전에 「모자·코트(coat) · 장갑 · 머플러(muffler)」등을 벗고 들어가고 집에서 나갈 때도 현관에서 나가고 나서「모자 · 코트(coat) · 장갑 · 머플러(muffler)」를 착용하는 것이 예의입니다.

그렇지만 집에서 나가려고 할 때 주인측에서「**どうぞコート(coat)を着(き)てからお帰(かえ)りください。**코트(coat)를 입고 나가시죠」라고 권유할 경우도 있습니다.
이 때는「그럼 여기서 실례하겠습니다」라고 하면서「코트(coat)」를 입어도 상관 없습니다.
부디「모자 · 코트(coat) · 장갑 · 머플러(muffler)」등을 착용한 채 방문댁에 들어가지 않도록 조심합시다.
일본사람들은 별로 말로 표현하지는 않지만 예의를 존중하는 사람이 보면 당신을 경멸하는 것은 틀림없습니다.

295 A1: ではここで失礼(しつれい)します。

레이 시마스.

그럼 여기서 실례합니다.

296 A2: どうぞお入(はい)りください。 어서 들어가세요.

크다사이.

「ではここで失礼(しつれい)します。 그럼 여기서 실례합니다.」는 손님을 배웅할 때 마지막으로 하는 인사 말입니다.

「どうぞお入(はい)りください。어서 들어가세요.」는 방문댁의 주인이 현관 밖으로 나와줬을 때 그대로 등을 돌려서 돌아가지 말고 몇 발자국 걷고 나서 되돌아 보고「どうぞお入(はい)りください。 어서 들어가세요.」라고 하는 것이 중요한 예의범절입니다.

297 **・・さんによろしくお伝(つた)えください。**

・・산니 요로시크 오트타에 크다사이.

・・씨에게 안부 전해주세요.

그 날에 만나지 못했던 상대방의 가족이나 지인도 신경 쓴다는 것을 나타내는 표현입니다.

12. 부탁을 할 때 쓰는 말 (依頼を切り出すときの挨拶)

298 A1:突然のお願いで恐縮ですが。

토트젠노 오네가이데 쿄우슈크 데스가.

갑작스러운 부탁이라 죄송합니다만.

299 A2:折り入ってのお願いがございます。

오리잇테노 오네가이가 고자이마스.

각별히 부탁하고 싶은 일이 있습니다.

「突然のお願いで恐縮ですが。갑작스러운 부탁이라 죄송합니다만」는 대출 받을 때 보증인이 되어달라는 부탁이나 직장에서 뭔가 부탁을 할 때, 여러가지 경우에서 쓸 수 있는 말입니다.

「折り入ってのお願いがございます。 각별히 부탁하고 싶은 일이 있습니다.」는 주로 개인적인(private) 용건에 대해서 부탁을 할 때 쓰이는 말입니다.

300 A1:お手すきの時間がございましたら。 짬이 나시면.

오테스키노 지칸가 고자이 마시타라.

301 A2:お手を煩わせて恐縮ですが。

오테오 와즈라와세테 쿄우슈크 데스가.

귀찮게 해서 죄송합니다만.

302
A3: もし、お差(さ)し支(つか)えなければ。 혹시 지장이 없으시면.

모시 오사시 트카에 나케레바.

「お手(て)すきの時間(じかん)がございましたら。짬이 나시면」은 누군가와 면회를 하고 싶을 때 쓰는 말입니다.

「お手(て)を煩(わずら)わせて恐縮(きょうしゅく)ですが。귀찮게 해서 죄송합니다만」은 신세를 지거나 조사의뢰를 할 때, 중개역할을 부탁할 때 씁니다.

「もしお差支(さしつか)えなければ。혹시 지장이 없으면」은 면회나 중개를 부탁할 때 쓰는 말입니다.

303
A1: 重(かさ)ね重(がさ)ね誠(まこと)に恐縮(きょうしゅく)ですが。

카사네 가사네 마코트니 쿄우슈크 데스가.

거듭거듭 정말로 죄송합니다만.

304
A2: 一度(いちど)ならず二度(にど)までも。

니도 마데모.

한 번도 아니고 두 번씩이나.

305
A3: 重(かさ)ねてのお願(ねが)いで大変心苦(たいへんこころぐる)しいのですが。

카사네테노 오네가이데 타이헨 코코로 그르시이노 데스가.

거듭거듭 부탁을 드려서
정말 미안합니다만.

306
A4: ご迷惑とは思いますが。

고메이와크 토와 오모이마스가.

폐를 끼치는 일이라는 것은 압니다만.

「重ね重ね誠に恐縮ですが 거듭거듭 부탁을 드려서 정말 죄송합니다만」은 「一度ならず二度までも。한 번도 아니고 두 번씩이나.」나 「重ねてのお願いで大変心苦しいのですが。거듭거듭 부탁을 드려서 정말 미안하게 생각하고 있습니다만」과 비슷한 말이며 부탁을 여러 번 했을 경우에 쓰는 말입니다.

「ご迷惑とは思いますが。폐를 끼치는 일이라는 것은 압니다만」은 '本当に迷惑なお願い 정말 폐를 끼칠 것 같은 부탁'이나 '借金や保証人のお願い 빚 지거나 보증인을 부탁'할 때에는 못 쓰는 말입니다.「お忙しいところご迷惑とは思いますが、お話を伺いたいのですが。바쁘신데 방해가 될 지 모르겠습니다만 이야기를 듣고 싶은데요」이 정도로 가벼운 부탁을 할 때 쓰는 말입니다.

13. 직장생활에서 의뢰를 할 때 쓰는 말 (仕事(しごと)での依頼(いらい)を切(き)り出(だ)すときの挨拶(あいさつ))

A1:よろしくお執(と)り成(な)しお願(ねが)い致(いた)します。

요로시크 오토리나시 오네가이 이타시마스.

잘 주선해 주시기를 부탁드리겠습니다.

308 A2:お引(ひ)き合(あ)わせ頂(いただ)きたくお願(ねが)い致(いた)します。

오히키아와세 이타다키타크 오네가이 이타시마스.

소개 해주시기를 부탁드리겠습니다.

「よろしくお執(と)り成(な)しお願(ねが)い致(いた)します。잘 주선해 주시기를 부탁드리겠습니다.」는 중개나 중재를 부탁할 때 쓰는 말입니다.

「お引(ひ)き合(あ)わせ頂(いただ)きたくお願(ねがい)い致(いた)します。소개해 주시기를 부탁드리겠습니다.」는 소개를 받고 싶을 때 쓰는 말입니다.

よろしくお引(ひ)き回(まわ)しください。 많이 가르쳐주세요.

요로시크 오히키마와시 크다사이.

관련회사를 같이 돌아가면서 소개나 지도를 해달라는 뜻의 인사말입니다. 신입사원이 처음으로 거래처를 방문했을 때 주로 씁니다.

ご都合(つごう)のよい日時(にちじ)をご指定(してい)ください。

고트고우노 요이 니치지오 고시테이 크다사이.

사정이 괜찮은 날을 지정해 주십시오.

면회를 부탁할 경우에 상대방에게 시간을 정해달라고 유도하는 말입니다.

311 なにとぞよろしくお願(ねが)い致(いた)します。

나니토조 요로시크 오네가이 이타시마스.

부디 잘 부탁드리겠습니다.

무엇인가 부탁했을 때 마지막으로 하는 말입니다.

312 A1:そう 仰(おっしゃ)らずに、そこを何(なん)とかお願(ねが)い致(いた)します。

소우 옷샤라즈니 소코오 난토카 오네가이 이타시 마스.

그런 말씀하시지 마시고
어떻게 좀 부탁드리겠습니다.

313 A2:そこをまげてお願(ねが)い致(いた)します。

소코오 마게테 오네가이 이타시마스.

거기를 어떻게 잘 좀 부탁드리겠습니다.

무엇인가 부탁을 했을 때 거절 당했는데도 불구하고 한번 더 부탁을 해볼 때 쓰는 말입니다. A1·A2 모두 같은 의미로 사용됩니다.

14. 용무를 부탁 할 때 쓰는 말 (用事(ようじ)を頼(たの)むときの挨拶(あいさつ))

314 A1: 面倒(めんどう)な問題(もんだい)だけど、ひとつお骨折(ほねお)りお願(ねが)い致(いた)します。

멘도우나 몬다이다케도 히토트 오호네오리 오네가이이 타시마스.

번거로운 문제이지만 수고 좀 부탁드립니다.

315 A2: お骨折(ほねお)りだが頼(たの)むよ。 수고스럽지만 부탁해.

오호네오리다가 타노무요.

「面倒(めんどう)な問題(もんだい)だけど、ひとつお骨折(ほねお)りお願(ねが)い致(いた)します。번거로운 문제이지만 수고 좀 부탁드리겠습니다.」는 직장에서 자기보다 직위는 밑에 있지만 나이는 많거나 동갑일 경우, 그런 부하에게 일을 시킬 때 쓰는 말입니다.

「お骨折(ほねお)りだが頼(たの)むよ。수고스럽지만 부탁해.」는 부하에게 추가 용무를 부탁하거나 번거로운 용무를 시킬 때 씁니다.

316 A1: ご苦労(くろう)だね。 수고 많네.

고크로우 다네.

317 A2: ご苦労(くろう)さま。 수고하셨습니다.

고크로우 사마.

용무를 부탁하고 나서 그 사람이 밖으로 나갈 때 쓰는 위로의 말입니다.

다만 손윗사람에게는 사용할 수 없습니다. 「ご苦労(くろう)さま。 수고 많습니다.」는 「ご苦労(くろう)だね。 수고 많네.」를 높인 말입니다.

318 ついでのときに、やっといてくれ。

트이데노 토키니 얏토이테 크레.

짬 나면 좀 해 줘.

손아랫사람에게 쓰는 말로 급하지 않은 일이나 그다지 중요하지 않은 용무를 부탁할 때 하는 말입니다. 강제적인 뉘앙스(nuance)가 아닙니다.

319 A1: 私(わたし)の顔(かお)に免(めん)じて、ここはひとつお願(ねが)いします。

와타시노 카오니 멘지테 코코와 히토트 오네가이 시마스.

저를 봐서 좀 해주시겠습니까?

320 A2: 私(わたし)の顔(かお)を立(た)てて、先方(せんぽう)に謝罪(しゃざい)に行(い)ってくれ。

와타시노 카오오 타테테 센포우니 샤자이니 잇테 크레.

내 체면을 봐서 상대방에 사과 좀 하러 가 줘.

「私(わたし)の顔(かお)に免(めん)じて。저를 봐서」「私(わたし)の顔(かお)を立(た)てて。내 체면을 봐서」는 부하가 자신의 업무가 아니라고 느낄 만한 일을 억지로 부탁하는 말입니다.

321 **ごしょうだから。** 제발 부탁합니다.

고쇼우 다카라.

애원할 때 쓰는 말입니다. 합리적이지 않다고 생각되는 부탁을 할 경우에 씁니다.

15. 빚을 질 때와 그것을 거절하는 말 (借金(しゃっきん)の依頼(いらい)と断(ことわ)るときの言葉(ことば))

322 A1: ５万円(まんえん)ほど貸(か)してください。

고만엔호도 카시테 크다사이.

５만엔 정도 빌려 주세요.

323 A2: 10万円(まんえん)ほどご融通頂(ゆうずういただ)けませんでしょうか。

쥬우만엔 호도 고유우즈우 이타다케 마센 데쇼우카?

10 만엔 정도 마련해 주시지 않겠습니까?

「ご融通頂(ゆうずういただ)けませんでしょうか。마련해 주시지 않겠습니까?」는「貸(か)してください。빌려주세요.」의 완곡 표현입니다.

324 ・・日(ひ)まで拝借(はいしゃく)させて頂(いただ)けないでしょうか。

‥히마데 하이샤크 사세테 이타다케나이 데쇼우카?

‥일까지 빌려 주실 수 없을까요?

반납기한을 명확하게 말해서 빚지는 경우에 씁니다.

325 A1: 身(み)が縮(ちぢ)む思(おも)いですが。

미가 치지무 오모이 데스가.

몸이 줄어드는 생각이 듭니다만.

326 A2: 誠(まこと)に勝手(かって)なお願(ねが)いですが。

마코토니 캇테나 오네가이 데스가.

정말로 외람스러운 부탁이지만.

327 A3: 厚(あつ)かましいことで汗顔(かんがん)の至(いた)りですが。

아트카마시이 코트데 코우간노 이타리 데스가.

제 자신이 뻔뻔스러워서
부끄럽기 이를 데 없지만.

「ご融通頂(ゆうずういただ)けませんでしょうか。 마련해 주시지 않겠습니까?」나「貸(か)してください。 빌려 주세요.」라고 말하기 전에 붙이는 말입니다.

328 ・・を担保(たんぽ)に入(い)れさせていただきます。

‥오탄포니 이레사세테 이타다키마스.

‥를 담보로 넣겠습니다.

고액의 빚을 질 때 쓰는 말입니다.

329 ご融通頂(ゆうずういただ)けると助(たす)かります。

고유우즈우 이타다케르토 타스카리마스.

마련해 주실 수 있으면 감사하겠습니다.

「融通(ゆうずう)・융통」이란 원래 일을 임기응변 처리한다는 의미입니다만 소액의 빚으로부터 사업을 시작하기 위한 상당한 금액의 자금을 빌릴 때까지 널리 사용되는 말입니다.

330 **少(すこ)し回(まわ)してくれない。**

스코시 마와시테 크레나이?

돈을 조금 빌려 주지 않겠어?

부모 자식이나 친구사이 등 친한 관계에 있는 사람에게 돈을 빌리려고 할 때 사용하는 말입니다.

331 **ぼくに投資(とうし)してみませんか。**

보크니 토우시 시테 미마센카?

저에게 투자해 보지 않겠습니까?

빚은 질려고 할 때 저 자세로 나간다고 해도 절대 성공하는 것도 아닐 것입니다.
자신의 실력에 자신이 있다면 이러한 말을 쓰는 것도 하나의 방법이죠. 빌려 주는 쪽도 빌려준 돈이 몇 배가 되어서 자기 손에 돌아오면 좋겠다며 꿈을 꾸고 있기 마련이니 아무리 시대가 바뀌어도 어떤 나라에 가도 이런 이야기는 없어지지 않습니다.

332 **A1:お役(やく)に立(た)ちたいのはやまやまですが。**

오야크니 타치타이 노와 야마야마 데스가.

도와주고 싶은 마음은 굴뚝같습니다만.

333 **A2:ご事情(じじょう)はお察(さっ)し致(いた)しますが。** 사정은 알겠습니다만.

고지죠우와 오삿시 이타시마스가.

334 **A3:よほどのこととお察(さっ)ししますが。**

요호도노 코토토 오삿시 시마스가.

사정이 힘들다는 것은 알겠습니다만.

돈거래를 거절할 때 쓰는 수식어입니다. 이렇게 말하고 나서「あいにく・・・ 유감스럽게도…」라고 하면서 자기쪽 사정을 설명해 마지막으로「お力(ちから)になれなくて申(もう)し訳(わけ)ありません。힘이 되어 주지 못해서 죄송합니다」라고 하면서 거절합니다.

335 A1:あいにく持(も)ち合(あ)わせがなくて。

아이니크 모치아와세가 나크테.

유감스럽게도 가지고 있는게 없어서.

336 A2:先立(さきだ)つものがないので。

사키다트 모노가 나이노데.

가지고 있는 돈이 없어서.

337 A3:頼(たよ)られ甲斐(がい)のないことで大変(たいへん)恥(は)ずかしいのですが。

타요라레 가이노 나이코토데 타이헨 하즈카시이노 데스가.

도움을 주지 못 해서
정말 창피하지만.

338 A4:このところ思(おも)いがけない物入(ものい)りが続(つづ)きましたので。

코노 토코로 오모이가케나이 모노이리가 트즈키 마시타노데.

요즘 생각치도 못한
지출이 계속 이어져서요.

일반적인 작은 금액의 빚이라면「あいにく持(も)ち合(あ)わせがなくて御免(ごめん)なさい。유감스럽게도 가지고 있는게 없어서 미안해요」라고 하면 충분합니다.

「先立つものがないので。 가지고 있는 돈이 없어서」는 빌려 주고는 싶은데 돈이 없어서 못 빌려주겠다라는 뜻입니다.

「頼られ甲斐のないことで大変恥ずかしいのですが。 도움을 주지 못해서 정말 창피하지만」은 돈을 빌리려고 하는 사람의 창피함이나 죄송함을 완화시키는 말입니다. 돈을 빌려주지 못하는 자기자신이 더 부끄럽고 미안하다고 겸손하는 말이 됩니다.

「このところ思いがけない物入りが続きましたので。요새 생각치도 못한 지출이 계속 이어져서요」는 예정에 없었던 지출이 이어져서 빌려 줄 돈이 없다는 뜻입니다.

「物入り」는 지출이라는 뜻이지만 지출내용을 「父が入院したので。 아버지가 입원해서」라든가 「息子が大学に入ったので。 아들이 대학교로 들어가서」라고 구체적으로 말해주면 상대방도 납득할 것입니다.

339 A1:実は当方も支払いに追われています。

지트와 토우호우모 시하라이니 오와레테 이마스.

사실은 저도 지불에 쫓기고 있습니다.

340 A2:金を貸せば、金と友と共に失うと言います。

카네오 카세바 카네토 토모토 토모니 우시나우토 이이마스.

돈을 빌려 주면 돈도 친구도 모두 잃는다고 합니다.

「実は当方も支払いに追われています。사실은 저도 지불에 쫓기고 있습

니다」는 자기도 돈을 빌려 쓰고 있는 상태이니 남에게 돈을 빌려줄 상황이 안 된다고 자기쪽의 어려움을 강조해서 거절하는 말입니다.

「**金を貸せば、金と友と共に失うと言います。** 돈을 빌려주면 돈도 친구도 모두 잃는다고 합니다」는 돈개념이 없는 사람에게 쓰는 거절표현이지만 잔소리를 해도 될만한 상대에게만 써야 하는 말입니다. 그래서 쓸 기회가 거의 없는 말이라고 생각해도 됩니다.

341 A1:どうか事情をお汲み取り下さい。

도우카 지죠우오 오크미토리 크다사이.

부디 형편을 헤아려 주세요.

342 A2:お力になれなくて、申し訳ありません。

오치카라니 나레나크테 모우시와케 아리마센.

힘이 되어줄 수 없어서 죄송합니다.

343 A3:悪しからず、ご容赦ください。

아시카라즈 고요우샤 크다사이.

나쁘게 생각하지 마시고 용서해 주십시오.

344 A4:ご意向に沿えず、心苦しく思っております。

고이코우니 소에즈 코코로 그르시크 오못테 오리마스.

부탁을 들어드리지 못해 마음이 괴롭습니다.

345 A5:大変残念なのですが、お許し下さい。

타이헨 잔넨나노 데스가 오유르시 크다사이.

정말 유감스럽지만 용서해 주세요.

돈을 빌려주지 못하는 사정을 설명한 후에 덧붙이는 거절표현입니다. 상대방의 부탁을 들어주고 싶은 마음(돈을 빌려주고 싶은 마음)은 있지만 그런 상황이 안 된다는 것을 말해주면서 거절합니다.

「**どうか事情(じじょう)をお汲(く)み取(と)り下(くだ)さい。**부디 형편을 헤아려 주세요」는 당신 부탁을 들어줄 수 없는 사정을 이해해 달라는 뜻입니다.

「**お力(ちから)になれなくて申(もう)し訳(わけ)ありません。**힘이 되어주지 못해서 죄송합니다.」는 도와주지 못해서 미안하다는 말입니다.

「**悪(あ)しからずご容赦(ようしゃ)ください。**나쁘게 생각하지 마시고 용서해주세요」는 부탁을 들어주지 못하는 자기자신을 나쁘게 생각하지말고 용서해달라는 뜻으로 쓰입니다.

「**ご意向(いこう)に沿(そ)えず心苦(こころくる)しく思(おも)っております。**부탁을 들어드리지 못해 마음이 괴롭습니다」는 당신 부탁을 들어주지 못해서 마음이 아프다는 뜻이죠.

「**大変残念(たいへんざんねん)なのですがお許(ゆる)し下(くだ)さい。**정말 유감스럽지만 용서해주세요」는 부탁을 들어주지 못한 자기를 용서해달라는 말이 됩니다. 위에 거절표현은 돈거래 이외의 상황에서도 쓸 수 있습니다.

16. 보증인의 의뢰와 거절의 말 (保証人の依頼と断りの言葉)

346 ・・・のために日本人の保証人が必要なので。他にお願いできるあてもありません。

…노 타메니 니혼진노 호쇼우닌가 히트요우나노데. 호카니 오네가이 데키르 아테모 아리 마셴.

・・・ 때문에 일본인 보증인이 필요해서요.
부탁할 수 있는 사람은 당신밖에 없습니다.

보증인이 필요한 사정을 명확하게 말하면서 부탁을 합니다. 보증인 트러블(trouble)은 한국도 일본도 없어질 일은 없습니다. 일본에서는 유료로 보증인이 되어주는 업자가 많이 있습니다. 친구를 잃지 않기 위해서라도 그런 것을 이용하는 것이 좋을 것 같습니다.

347 日頃のご好意に甘えてお願い申し上げたいことがございます。本人にも決してご迷惑をおかけするようなことがないようによく申し聞かせます。

히고로노 고코우이니 아마에테 오네가이 모우시아게타이 코트가 고자이마스.
혼닌니모 켓시테 고메이와크오 오카케스르 코트가 나이요우니 요크 모우시키카세마스.

평소부터 베풀어 주시는 호의에 기대며
말씀드리고 싶은 것이 있습니다.
본인에게도 결코 폐를 끼치는 일이
없도록 잘 말해놓겠습니다.

평소에 신세지고 있는 사람에게 자기 아들이 일본직장을 다닐 때 필요한「신원인수인」이 되어달라고 부탁을 할 때 쓰는 말입니다.
이것도 유료로 해주는 업자가 있으니 평소에 신세 지고 있는 사람에게 이런 부탁을 하는 것은 더더욱 삼가는 것이 낫겠습니다. 신원인수인은 인터넷에서 검색하면 찾을 수 있습니다.

348 A1:ほかのことでお役(やく)に立(た)てることがありませんか。

호카노 코토데 오야크니 타테르 코토가 아리마셴카?

다른 일로 제가 도와줄 수 있는 일이 없습니까?

349 A2:すでに他(ほか)にも保証(ほしょう)を引(ひ)き受(う)けておりますので。

스데니 호카니모 호쇼우오 히키우케테 오리마스노데.

벌써 다른 사람의 보증인이 되어 있어서요.

남의 감정을 상하게 하지 않은 무난하고 좋은 거절표현입니다.

「ほかのことでお役(やく)に立(た)てることがありませんか。다른 일로 제가 도와줄 일이 없습니까?」는 보증인은 못 되어 주겠지만 그것 말고 다른 일로 자기가 할 수 있는 일이 없는지 물으면서 거절하는 말입니다.

「すでに他(ほか)にも保証(ほしょう)を引(ひ)き受(う)けておりますので。이미 다른 사람의 보증인이 되어있어서요」는 다른 사람의 보증인이 되어 있어서 더는 못하겠다는 뜻입니다.

350 私の会社では原則として身元保証人になることを禁止しておりますので、すみませんがお受けできません。

와타시노 카이샤데와 겐소크토시테 미모토 호쇼우닌니 나르코토오 킨시시테 오리마스노 데 스미마센가 오우케 데키마센.

저희 회사에서는 원칙적으로 신원보증인이 되는 것을 금지하고 있기 때문에 죄송합니다만 그 부탁을 들어줄 수 없습니다.

입사 보증인이 되어 주기를 거절하는 말투입니다. 회사에서 보증인을 금지 한다는 사실이 없어도 사용할 수 있지만 의뢰인이나 의뢰인의 주변관계자에게 자신의 회사에 대해서 자세히 아는 사람이 있으면 사용할 수 없으므로 조심합시다.

351 以前、ある方の保証人を引き受けて大変な迷惑を受けましたので、お断りしています。

이젠 아르카타노 호쇼우닌오 히키우케테 타이헨나 메이와크오 우케마시타노데 오코토와리 시테이마스.

옛날에 어떤 분의 보증인을 맡았는데 많은 피해를 입었으니 그 후로 보증인은 사절하고 있습니다.

별로 친하지도 않은 사람에게서 갑자기 버릇없는 의뢰를 받았을 때 쓸 수 있는 강한 거부의 표현입니다.

352 A1:安請(やすう)け合(あ)いして反(かえ)ってご迷惑(めいわく)をおかけしてはと思(おも)いますのでお断(ことわ)りさせて頂(いただ)きます。

야스우케아이 시테 카엣테 고메이와크오 오카케 시테와토 오모이 마스노데 오코토와리 사세테 이타다키마스.

선불리 떠맡았다가 오히려 제가 폐를 끼치게 될까봐 해서 사양하겠습니다.

353 A2:まだ若輩(じゃくはい)の私(わたし)どもでは、とてもその任(にん)ではございません。

마다 쟈크하이노 와타크시도모데와 토테모 소노닌데와 고자이마센.

아직 애송이인 저희들은 도저히 그 일을 맡을 수 없습니다.

354 A3:社会的地位(しゃかいてきちい)もない若輩(じゃくはい)の私(わたくし)どもでは、とてもとても。

샤카이테키 치이모나이 쟈크하이노 와타크시도모데와 토테모토테모.

사회적인 지위도 없는 애송이인 저희들에게는 도저히 맡을 수 없는 일입니다.

젊은 시절 때 밖에 못 쓰는 말입니다.

「安請(やすう)け合(あ)いして反(かえ)ってご迷惑(めいわく)をおかけしてはと思(おも)いますのでお断(ことわ)りさせて頂(いただ)きます。선불리 떠맡았다가 오히려 제가 폐를 끼치게 될까봐 해서 사양하겠습니다.」는 자기에게는 보증인이 될만한 능력이 없어서 사양하겠다는 뜻으로 씁니다.

「まだ若輩(じゃくはい)の私(わたし)どもでは、とてもその任(にん)ではございません。아직 애송이

인 저희들은 도저히 그런 일을 맡을 수 없습니다.」「社会的地位もない若輩の私どもでは、とてもとても。사회적인 지위도 없는 애송이에게는 도저히 맡을 수 없는 일입니다.」는 너무 어려서 사회적인 신용도 없으니 못 하겠다는 뜻으로 쓰입니다.

355 とかく病気がちの昨今、無責任にお引き受けするのもどうかと思いますので。

토카크 뵤우키가치노 삭콘 무세키닌니 오히키우케 스르노모 도우카토 오모이 마스노데.

요새 자꾸 잔병에 시달리는 제가 무책임하게 그런 일을 맡는 것도 좀 그렇다는 생각이 들어서요.

나이가 많고 정년퇴직 직전이나 벌써 퇴직한 사람 밖에 못 씁니다.
나이가 너무 많아서 보증인으로서 책임을 질 수 없다는 의미로 거절할 때 씁니다.

17. 혼담의 의뢰와 거절의 말 (縁談の依頼と 断りの言葉)

356 いい人がいたらお願いします。

이이히토가 이타라 오네가이 시마스.

좋은 사람이 있으면 부탁합니다.

본인이 혼담을 부탁할 때 쓰는 말입니다.

357 A1: どこかよいご縁がございましたらお願いします。

도코카 요이 고엔가 고자이 마시타라 오네가이 시마스.

어디 좀 괜찮은 신부감(신랑감)이 있으면 소개해주세요.

358 A2: 頂けるご縁がございましたら宜しくお願いします。

이타다케르 고엔가 고자이 마시타라 요로시크 오네가이 시마스.

소개해 주실 수 있는 사람이 있으면 잘 부탁합니다.

부모가 자기 아이에게 좋은 사람을 소개해 줄 것 같은 사람에게 맞선을 시켜달라고 부탁을 할 때 쓰는 말입니다. 이런 경우 「**お見合い写真**・맞선사진」과 「**釣書**・자기소개서」를 가지고 가는 것이 좋겠습니다. A1 보다 A2 가 더 정중한 말이 됩니다.

「**釣書**」는 이력서와 같은 서류로 이름, 생년월일, 주소, 본적지, 학력,

직업 경력, 근무처, 봉급, 가족관계, 취미, 특기, 면허자격증, 재산 등이 기재됩니다.

359 もし適当(てきとう)なお心(こころ)当(あ)たりがありましたら、ご紹介(しょうかい)ください。

모시 테키토우나 오코코로 아타리가 아리마시타라 고쇼우카이 크다사이.

혹시 괜찮다고 생각되는 사람이 있으시면 소개해 주십시오.

바트이치나 늦게 결혼할 경우에는 여러가지로 조건이 어려워지기 때문에 이와 같이 말합니다.
바트이치란 한 번 이혼을 경험한 사람을 가리킵니다. 자신이 바트이치인 경우에는 자기자신을 바트이치라고 해도 아무 문제가 없습니다만 만약에 어떤 사람이 진짜로 바트이치라고 해도 그렇게 부르는 것은 삼가하셔야 합니다.

360 A1:おたく様(さま)のご尽力(じんりょく)を頂(いただ)けたらと思(おも)います。

오타크사마노 고진료크오 이타다케타라토 오모이마스.

당신의 도움을 받을 수 있으면 감사하겠습니다.

361 A2:お世話(せわ)くださいますようお願(ねが)いします。

오세와 크다사이 마스요우 오네가이 시마스.

도와 주시기 바랍니다.

부모가 자식에게 좋은 혼담을 가져와줄 것 같은 사람에게 부탁할 경우에 쓰는 말입니다.

362 **当方には過ぎたご縁ですが。**

토우호우니와 스기타 고엔데스가.

저희들에게는 너무 과분한 인연입니다만.

맞선을 보고난 후 상대방은 꽤 마음이 내키는 것 같지만 본인에게 마음이 없는 경우에는 부모가 중매인에게 「저희들에게는 너무 과분한 인연인데 본인이 아직···」라고 하면서 거절합니다.
아무리 상대방에게 흠이 있다고 해도 그것을 지적하면 안됩니다.

363 **ありがたく頂いて帰ります。**

아리가타크 이타다이테 카에리마스.

소개해 주셔서 고맙습니다.
돌아가서 잘 생각하겠습니다.

손윗사람에게서 직접 「いい人がいるんだが、どうかね。괜찮은 사람이 있는데 한번 만나보는게 어때? 」라는 말을 들었을 경우 그 자리에서 바로 거절하는 것은 상대방의 체면을 구기는 무례한 행동이 되므로 「ありがたく頂いて帰ります。소개해주셔서 고맙습니다. 돌아가 잘 생각하겠습니다.」라고 해서 일단 상대방 체면을 세워줍니다.

그리고 몇일 후에「この度は有難うございました。지난 번에는 감사합니다.」라고 한마디 하고 나서 적당한 이유를 붙여 거절의 마음을 표하는 것이 무난합니다.

364 **身(み)に余(あま)るお話(はなし)ですが。**

미니아마르 오하나시 데스가.

저에게는 과분한 이야기입니다만.

손윗사람으로부터 받은 혼담을 그 자리에서 바로 거절할 경우에는 「身(み)に余(あま)るお話(はなし)ですが、実(じつ)はすでに…。저에게는 과분한 이야기입니다만 사실은 벌써…」와 같이 말을 하면서 벌써 결혼이야기가 나와있다는 것을 전해주면 상대방의 체면을 구기는 일이 안됩니다.

365 **A1:本人(ほんにん)がまだその気(き)になりませんので。**

혼닌가 마다 소노키니 나리마센노데.

본인에게 아직 그런 생각이 없는 것 같아서요.

366 **A2:娘(むすめ)の躾(しつけ)が行(ゆ)き届(とど)きませんで。**

무스메노 시트케가 마다 유키토도키 마센데.

딸 교육을 제대로 못 시켜서요.

367 **A3:うちには立派(りっぱ)すぎる方(かた)です。**

우치니와 립파스기르 카타데스.

저희에게는 너무 과분한 분입니다.

368 **A4:我(わ)がままいっぱいに育(そだ)ててしまったもので。**

와가마마 입파이니 소다테테 시맛타모노데.

너무 오냐오냐 키워버려서요.

369 A5: お会いすればするほど、自分の至らないことがわかって。

오아이 스레바 스르호도 지분노 이타라나이 코토가 와캇테.

만나면 만날 수록, 제가 너무 부족한 사람이라는 것을 알게 되었어요.

370 A6: 年寄りがどうしても聞きませんので。

트시요리가 도우시테모 키키마센노데.

집안 어른들이 도저히 허락해 주시지 않아서요.

371 A7: ご縁がなかったようです。

고엔가 나캇타 요우데스.

인연이 없었던 것 같습니다.

A5 이외의 말들은 다 맞선을 본 후에 부모쪽에서 중매인에게 거절의 마음을 전할 때 쓰는 말입니다.
A5 는 본인이 중매인에게 직접 거절하겠다고 말씀 드릴 때 쓰는 말입니다.

「とてもよい方で、私 どもと致しましては結構な御縁と思いましたのに、どうしても本人がまだその気になりませんので。너무 좋은 사람이였고 저희들도 정말 과분한 사람을 만났다고 생각했는데 왠일인지 본인이 아직 그런 마음이 없는것 같아서요」라고 하면 느낌이 안 맞았다는 뜻으로 받아들여 줄 것입니다.

「娘 の 躾 が行き届きませんで。 딸 교육을 제대로 못 시켜서요.」「うちには立派すぎる方です。 저희에게는 너무 과분한 분입니다.」「我が

ままいっぱいに育(そだ)ててしまったもので。 너무 오냐오냐 키워버려서요.」는 여성쪽 부모가 중매인에게 말하는 거절표현이며 옛날부터 쓰이는 상투어입니다.
이런 표현들은 중매인에게 은근히 엄격한 집안이나 잔소리 많은 시어머니는 소개해주지 말라고 못을 박는 표현이기도 합니다.

「お会(あ)いすればするほど、自分(じぶん)の至(いた)らないことがわかって 만나면 만날수록 제가 너무 부족한 사람이라는 것을 알게 되어서요.」는 맞선을 보고 몇번 더 만났을 경우에 중매인에게 쓰는 거절표현입니다.
거절을 할 때도 이렇게 해서 상대방의 체면을 세우는 것이 일본문화에서의 예의입니다.
몇번 만나보면 상대방이 '이제 마음을 정했구나' 라고 생각할 수도 있으니 거절하기 어려워집니다.

「年寄(としよ)りがどうしても聞(き)きませんので。 집안 어른들이 도저히 허락해주시지 않아서요.」는 결혼해도 좋다고 생각했었지만 갑자기 생각이 바뀌거나 막판에 도저히 결론을 내리지 못 해서 결혼이야기가 많이 진전한 상황에서 안하겠다고 할 때 이렇게 말하면서 집안 어른들 (할아버지나 할머니) 핑계로 거절하는 방법도 있습니다.

「ご縁(えん)がなかったようです。 인연이 없었나봐요」는 어떤 상황에서도 대체로 쓸 수 있는 거절표현이며 이 말을 들은 사람은 아무 말도 못하게 됩니다. 누구 탓 할 것도 없이 그냥 인연이 없었다는 걸로 마무리가 됩니다.

372 A1: どうも先様(さきさま)がはっきりしないので。

도우모 사키사마가 학키리 시나이노데.

아무래도 그쪽 태도가 확실치 않아서요.

373

A2:先様(さきさま)ではご遠慮(えんりょ)があるらしく私(わたし)も腑(ふ)に落(お)ちないのですが。

사키사마데와 고엔료가 아르라시크 와타시모 후니 오치나이노 데스가.

그쪽에서 너무 조심스러워 하셔서
저도 납득이 안 가지만요.

중매인이 이쪽에서 받은 거절의 의향을 저쪽에 전할 때 쓰는 말입니다. 일본에서는 직선적으로 "No!"라고 하지 않은 것이 예의이기 때문에 거절할 때도 완곡한 표현을 선호합니다.
또한 상대방이 어떤 이유로 거절해 와도 그것을 그대로 전하지 않은 것이 일본식 배려이기 때문에 말이 애매한 표현이 되어 버립니다.

따라서 「**もう一度(いちど)先様(さきさま)に尋(たず)ねてみてください。** 한번 더 저쪽분에게 물어 봐 주세요」 처럼 끈질기게 묻지 않은 것이 예의입니다.

중매인으로부터 사절의 말을 들으면 「**ご縁(えん)がなかったんですね。** 인연이 없었나 봐요」 라고 하면서 포기하는 것이 현명한 행동이 됩니다.

18. 혼담의 중매인역할을 거절하는 말 (縁談の仲人を断る言葉)

374 **身に余る光栄ですが、これまで一度も仲人の経験がなく、大任を務め上げる自信がありません。**

미니아마르 코우에이데스가 코레마데 이치도모 나코우도노 케이켄가 나크 타이닌오 트토메 아게르 지신가 아리마센.

저에게는 과분한 영광입니다만, 지금까지 한번도 중매인을 해본 적이 없고 중요한 임무를 맡아서 할 자신이 없습니다.

중매인을 해달라는 부탁을 거절하고 싶을 때나 아직 젊다는 이유로 사양할 때 쓰는 말입니다.

375 **A1:一身上の都合により、ご辞退させていただきます。**

잇신쵸우노 트고우니요리 고지타이 사세테 이타다키마스.

일신상의 사유로 의해 사양 하겠습니다.

376 **A2:余儀ない事情で、ご辞退させていただきます。**

요기나이 지죠우데 고지타이 사세테 이타다키마스.

어쩔 수 없는 사정으로 사양 하겠습니다.

형식적인 거절방법이므로 이 말에 이어 자세한 이유를 설명해주는 것이 더 성실하게 느껴집니다. 「先月、親戚の者が他界しましたので、晴れ

がましい式に参列するのは、どうかと思いまして。저번 달에 집안에 돌아가신 사람이 있어서 빛나는 결혼식에 참석하는것은 좀 그렇다는 생각이 들어서요」라고 하면 괜찮습니다.

377 A1:家内が社交の場に出るのを嫌がるので、一切お引き受けできないのです。

카나이가 샤코우노 바니 데르노오 이야가르노데 잇사이 오히키우케 데키나이노 데스.

아내가 공적인 자리에 나오는 것을 싫어해서 모두 사양하고 있습니다.

378 A2:このところ家内の体の調子が思わしくないので、お引き受けできません。

코노토코로 카나이노 카라다노 쵸우시가 오모와시크 나이노데 오히키우케 데키마센.

요즘 아내가 몸이 좀 안 좋아서 못 하겠습니다.

379 A3:家内が医者から外出を禁じられていますので、お引き受けかねます。

카나이가 이샤카라 가이슈트오 킨지라레테 이마스노데 오히키우케 카네마스.

아내가 의사선생님에게서 밖에 나가지 마라는 소리를 들어서 못 할것 같습니다.

중매인 역할을 맡았을 때 고생하는 사람은 아내이기 때문에「家内が社交の場に出るのを嫌がる。아내가 공식적인 자리에 나오는 것을 싫어

한다」 처럼 부인 의향을 거절하는 이유로 대면 설득력이 있습니다. 나이 많고 벌써 몇 번 중매인을 해준 적 있는 사람이 이번에는 좀 사양하고 싶다고 생각할 때 「家内(かない)の体(からだ)の調子(ちょうし)が思(おも)わしくない。 아내가 좀 아프다」 「家内(かない)が医者(いしゃ)から外出(がいしゅつ)を禁(きん)じられている。아내가 의사에게서 외출을 금지되어있다」 고 건강을 이유로 대면 좋을 것입니다.

19. 데이트신청을 거절하는 말 (デートを断る言葉)

380 A1:残念ですが先約がありますので。

잔넨데스가 센야크가 아리마스노데.

유감스럽지만 선약이 있어서요.

381 A2:こちらからお電話します。 제가 전화드릴게요.

코치라카라 오덴와 시마스.

382 A3:またの機会によろしく。 다음에 부탁할게요.

마타노 키카이니 요로시크.

일반적인 거절방법입니다.「残念ですが先約がありますので。 유감스럽지만 선약이 있어서요.」는 너무 냉정한 거절표현이지만 섣불리 기대감을 주는 것보다 친절한 거절방법일지도 모릅니다.

그러나 이렇게 차갑게 대해도「じゃ、今週が駄目だったら、来週は。그러면 이번 주가 안 되면 다음 주는?」라고 하면서 끈질기게 구는 일본사람도 있습니다.

이런 사람에게는「予定がはっきりしないので、こちらから電話します。예정이 확실하지 않아서 제가 연락드리겠습니다.」라고 하고 상대방에게서 연락 못하게 하는 것이 좋은 방법이 됩니다.

「こちらから電話します。제가 연락드리겠습니다」라고 하면서 언제

전화하겠다고 확실하게 말하지 않은 경우 그 말은「**拒否**・거부」를 의미합니다. 몇 일 지나서 「**そっちから電話すると言ったから、ずっと待っていたのに。**당신이 전화하겠다고 해서 계속 기다리고 있었는데.」라고 불평을 늘어 놓는 것은 창피스러운 일이 됩니다.

「**またの機会によろしく。**다음에 부탁드릴게요.」는 「No!」를 부드럽게 말했을 뿐이지만 그 이면에는「나쁘게 생각하지 마세요」라는 뉘앙스(nuance)가 담겨져 있습니다.

383 **A1:母が風邪で伏せっておりますから。**

하하가 카제데 후셋테 오리마스카라.

어머니가 몸이 아파서 누워 있거든요.

384 **A2:・・・ちゃんも連れて行っていいかしら。**

・・・장모 트레테 잇테 이이카시라?

・・・씨도 같이 가도 되나요?

너무 차갑게 대할 수 없는 상대나 직장 선배나 윗사람들의 권유를 거절할 때 추천합니다.

「**母が風邪で伏せっておりますから。** 어머니가 아파서 누워있거든요.」라고 하면 가정적인 여성이라는 인상을 줄 수 있는 좋은 거절 방법이 됩니다.

데이트신청을 받고「**・・・ちゃんも連れて行っていいかしら。**・・・씨도 같이 가도 되나요?」라고 하는 것은 친구로서 사귀는 것은 좋지만 그 이상

의 관계는 거부한다고 하는 의미입니다.
이 때「···ちゃん。···씨」는 별로 인기도 없는 수수한 친구인 경우가 많은 듯 합니다.
아무리 친구로 지내기로 한 남자라고 해도 자기보다 매력적인 여자친구를 데리고 와서 그 남자와 자기 친구가 친해지면 짜증난다는 여자들의 마음은 한국이나 일본이나 똑같은 것 같습니다.

20. 방문세일즈를 거절하는 말 (セールスを断(ことわ)る言葉(ことば))

385 A1:間(ま)に合(あ)っています。 필요 없습니다.

마니앗테이마스.

386 A2:今(いま)とりこんでいますから。 지금 바빠서요.

이마 토리콘데 이마스카라.

387 A3:いま手(て)がふさがってますので。

이마 테가 후사갓테 이마스노데.

지금 뭐 좀 하고 있어서요.

388 A4:結構(けっこう)です。 됐습니다.

켁코우 데스.

389 A5:またにしてください。 다음에 또 오세요.

마타니 시테 크다사이.

방문판매원의 권유를 거절할 때 쓰는 일반적인 말들입니다.

「間(ま)に合(あ)ってます。필요 없습니다」는 옛날부터 있는 고전적인 거절표현인데 지금도 사람들이 자주 쓰는 말입니다.

「今(いま)とりこんでいますから。지금 바빠서요」는 강한 말투로 냉정하게 말하며 언짢은 듯 문을 탕 닫아버리면 더 효과가 있습니다.
판매원들에게 앞으로 절대 안 오겠다는 생각을 들게 만듭니다.
「とりこんでいる」는 부부싸움이나 이별이야기를 하는 중이라든가

사람 생사에 관한 일, 이사 중 등 전혀 여유가 없는 상황을 가리키니 말 할 때 무례한 태도를 취해도 상관 없습니다.

「いま手(て)がふさがってますので。 지금 뭐 좀 하고 있어서요.」는 바쁘다는 것을 이유로 대서 거절하는 말입니다.

「結構(けっこう)です。됐습니다」를 부드럽게 말하자면「またにしてください。다음에 또 오세요.」라고 합니다.

390 A1:今(いま)は余裕(よゆう)がありませんが、買(か)うときはきっとあなたからにしましょう。

이마와 요유우가 아리마센가 카우토키와 킷토 아나타카라니 시마쇼우.

지금은 여유가 없습니다만, 살 때는 반드시 당신에게 부탁을 하겠습니다.

391 A2:・・・に義理(ぎり)があるものだから。

…니 기리가 아르모노 다카라.

···에 의리가 있으니까.

392 A3:すみませんが、もう出(で)かける時刻(じこく)ですので。

스미마센가 모우 데카케르 지코크 데스노데.

죄송합니다만 이제 나가봐야 할 시간이라서요.

393 A4:主人(しゅじん)が反対(はんたい)しますので。 남편이 반대해서요.

슈진가 한타이 시마스노데.

강한 말투로 거절할 수 없는 사람이 쓰는 부드러운 거절표현입니다.

「今(いま)は余裕(よゆう)がありませんが、買(か)うときはきっとあなたからにしましょう。지금은 여유가 없습니다만 살 때는 당신에게 부탁을 하겠습니다」라고 하면 방문판매원도 기분 좋게 돌아갈 수 있습니다.

「・・・に義理(ぎり)があるものだから」는 사고 싶은 마음은 있고 당신에게서 살 수 있으면 좋겠지만「義理(ぎり)がある人(ひと)も同(おな)じ商品(しょうひん)をセールス(sales)しているので。의리 있는 사람도 같은 상품을 파는 판매원이라서」그 사람에게서 사야겠다는 뜻의 거절표현입니다.

「すみませんが、もう出(で)かける時刻(じこく)ですので。죄송합니다만 이제 나가봐야 할 시간이라서요」는 방문판매원 뿐만 아니라 집에 안 갈려고 하는 방문객에게도 쓸 수 있는 말입니다.

「主人(しゅじん)が反対(はんたい)しますので。남편이 반대해서요」는「家内(かない)が反対(はんたい)しますので。아내가 반대해서요」「おじいちゃんがうんと言(い)わないもんだから。할아버지가 허락을 안해서요」「子供(こども)たちが嫌(いや)がるから。애들이 싫어해서요」라고 하면서 그 자리에 없는 사람 탓으로 해서 거절하는 말입니다.

394 A1：うちは不幸(ふこう)があって。 우리 집에 불행이 있어서.

우치와 후코우가 앗테.

395 A2：どうぞお引(ひ)き取(と)りください。 부디 돌아가주세요.

도우조 오히키토리 크다사이.

카도마츠(새해에 문앞에 세우는 장식 소나무)나 오뚝이와 같은 재수를 빌기 위한 물건을 팔려고 온 사람을 거절하는 말들입니다.
음식점에 들어선 건달 같은 사람들은 10 만엔, 20 만엔 이라는 엄청난 가격으로 물건을 팔려고 할 때가 있는데 이럴 때 쓸 수 있는 유일한 거절표현인「うちは不幸(ふこう)があったんで、申し訳(もうしわけ)ないけど。 우리집에 불행이 있어서 미안한데...」를 쓰면 바로 돌아가는 경우가 많답니다.
현관 안에 들어와서 안가는 판매원에게는「どうぞお引(ひ)き取(と)りください。 부디 돌아가주세요」라고 하는데 이것은 의례적으로 쓰는 마지막 수단이며 이렇게 말해도 안 가는 경우에는 더 이상 신사적인 행동은 필요 없습니다.

21. 상담을 거절하는 말 (商談(しょうだん)を断(ことわ)る言葉(ことば))

396 **A1:ちょっと難(むずか)しいですね。** 조금 어렵네요.

첫토 무즈카시이 데스네.

397 **A2:よく考(かんが)えてみましょう。** 잘 생각해 보겠습니다.

요크 칸가에테 미마쇼우.

398 **A3:よく考(かんが)えさせて下(くだ)さい。** 생각하게 시간 좀 주세요.

요크 칸가에 사세테 크다사이.

399 **A4:検討(けんとう)してみましょう。** 검토해 보겠습니다.

켄토우 시테 미마쇼우.

위에 말들은 모두 한국사람들이 들으면 거절표현으로 받아들이기 어려운 말이며 외국사람들에게서 오해 받기 쉬운 거절표현입니다.
일본 기업에서는 담당자 개인은 결정권을 가지고 있지 않습니다.
담당자는 바로 위에 있는 상사를 설득하고 그 상사는 또 자기 상사를 설득해서 각 부서에서 책임자가 나오는 회의상에서 결정을 내립니다.
어떤 안건은 임원회의에 제출해서 품의를 받아야 할 경우도 있습니다.

그래서「**ちょっと難(むずか)しいですね。**조금 어렵네요」라고 말해놓으면 책임을 피할 수 있습니다. 그리고 만약 그 안건이 성사되었을 때는「**難(むずか)しかったのですが、私(わたし)がなんとか実現(じつげん)にこぎつけました。**어려웠지만 제가 노력을 해서 겨우겨우 성사되었습니다.」라고 하면 상담상대가 높이

평가해줄 겁니다.

「よく考(かんが)えてみましょう。잘 생각해 보겠습니다.」「よく考(かんが)えさせて下(くだ)さい。 잘 생각하게 시간 좀 주세요」는 대답을 보류한다는 뜻의 거절 표현입니다.

「検討(けんとう)してみましょう。검토하겠습니다」는 상담상대가 기대하고 있을 만한 대답은 못 하지만 냉정하게 거절할 수도 없는 상황에서 쓰는 말입니다.

400 A1:今回(こんかい)は見送(みおく)らせて下(くだ)さい。

콘카이와미오크라세테크다사이.

이번에는 보류하겠습니다.

401 A2:また今度(こんど)ということで。　다음에 또 이야기합시다.

마타 콘도토 이우코토데.

402 A3:またそのうちに。　다음에 또 봅시다.

마타 소노우치니.

403 A4:結構(けっこう)なお話(はなし)と思(おも)いますが。

켁코우나 오하나시토 오모이마스가.

좋은 이야기라는 것은 알겠지만.

「今回(こんかい)は見送(みおく)らせて下(くだ)さい。이번에는 보류하겠습니다.」는 자기쪽에 사정이 있어서 이번에는 사양하겠다는 뜻의 부드러운 거절표현이 됩니다.

「また今度(こんど)ということで。다음에 또 이야기합시다」라는 말을 들으면

「今度(こんど)って、いつ頃(ころ)ならいいですか。다음이라니 언제쯤이면 되나요」 라고 묻지 말고 포기하는 것이 바로 일본문화입니다.

「またそのうちに。 다음에 또 봅시다」는「また今度(こんど)ということで。 다음에 또 이야기합시다」와 같은 뜻의 거절표현입니다.

「結構(けっこう)なお話(はなし)と思(おも)いますが。 좋은 이야기라는 것은 알겠지만」은 당신 말을 들으면 참 좋은 이야기인것 같지만 사양하겠습니다 라는 뜻입니다.

404 A1: 私(わたし)の立場(たちば)もご考慮(こうりょ)いただいて。

와타시노 타치바모 고코우료 이타다이테.

제 입장도 생각해 주십시오.

405 A2: ご希望(きぼう)に沿(そ)えるよう社内(しゃない)でも検討(けんとう)を重(かさ)ねて参(まい)りましたが、やはり従来(じゅうらい)どおりの線(せん)で、ということでお願(ねが)いしたいと存(ぞん)じます。

고키보우니 소에르요우 샤나이데모 켄토우오 카사네테 마이리 마시타가 야하리 쥬우라이 도오리노 센데 토이우코토데 오네가이 시타이토 오모이마스.

당신쪽의 희망사항에 맞춰드리려고 저희 회사에서도 검토를 거듭해왔습니다만 역시 처음 이야기한대로 진행하는 걸로 부탁드립니다.

406 A3: 白紙(はくし)に戻(もど)させて頂(いただ)きます。 백지로 돌리겠습니다.

하크시니 모도사세테 이타다키마스.

「私の立場もご考慮いただいて。제 입장도 생각해 주십시오」는 끈질긴 사람을 거절할 때 쓰는 말입니다.
이 말은 자기는 당신과 같은 뜻을 가지고 있지만 회사쪽에서 별로 할 생각이 없는 것 같아서 저도 힘듭니다, 더 이상 저에게 끈질기게 뭐라고 하셔도 당신의 뜻대로 성사될 가능성이 높아지는 것이 아니라서 포기하라는 뜻의 거절표현이 됩니다.

「ご希望に沿えるよう社内でも検討を重ねて参りましたが、やはり従来どおりの線で、ということでお願いしたいと存じます。희망사항에 맞춰드리려고 저희 회사에서도 검토를 거듭해 왔습니다만 역시 처음 이야기한 대로 진행 하는 걸로 부탁드리겠습니다.」는 계약 갱신이나 금액 협상의 부탁을 받았을 경우에 그 이야기를 마무리 지으려고 할 때 쓰는 거절표현입니다.

「白紙に戻させて頂きます。백지로 돌리겠습니다」는 「これまでの交渉は、なかったことにしてください。이때까지 해온 협상은 없던 것으로 해주세요」라는 뜻입니다. 일단 합의를 본 후라도 다른 사정이 생겨서 이야기를 처음 상태로 되돌릴 때 씁니다.

407 A1:致しかねます。 진행하기 어렵습니다.

이타시 카네마스.

408 A2:何とぞ悪しからずご了承ください。

나니토조 아시카라즈 고료우쇼우 크다사이.

부디 나쁘게 생각하지 마시고 양해 바랍니다.

「致しかねます。 진행하기 어렵습니다.」는 「できません。 할 수 없습니다.」를 정중하게 말할 때 쓰는 말입니다.

「何とぞ悪しからずご了承ください。 부디 나쁘게 생각하지 마시고 양해 바랍니다.」는 거절하는 이유를 말한 후에 쓰는 말입니다만 이 말 자체가 너무 냉정하게 들리기 때문에 친한 사람이나 앞으로도 사귀어 가야 할 상대에게는 거절하는 이유를 구체적으로 말하는 것이 좋을 것입니다.

409 A1:預からしてもらいます。 사양하겠습니다.

아즈카라시테 모라이마스.

410 A2:ま、帰りにもういっぺん寄っとくれやす。

마아, 카에리니 모우 입펜 욧토크레야스.

이 용건 때문이라면 다시는 오지 말아 주세요.

411 A3:ほな、考えときまっさ。 사양하겠습니다.

호나 칸가에토키 맛사.

「預からしてもらいます。사양하겠습니다.」「ま、帰りにもういっぺん寄っとくれやす。이 용건 때문이라면 다시는 오지 말아 주세요.」는 교토 사투리에 보이는 거절표현입니다. 앞으로 이 용건으로 오는 일이 절대 없도록 해달라는 뜻이 있기 때문에 주의하셔야 합니다. 「ほな、考えときまっさ。사양하겠습니다」는 오사카 사투리에서 쓰이는 전형적인 거절 표현입니다. "생각하겠다"는 뜻이라고 착각하면 안됩니다.

일본어에는 이러한 "완곡한 표현"이 많기 때문에 조심하셔야 하니다.
단순히 일본어를 한국어로 옮기거나 반대로 한국어를 일본어로 직역해서 쓰면 그 뜻이 전혀 안 통하는 경우가 많이 있습니다.
말은 그 나라나 지역의 "문화 표현체"입니다. 문화를 이해 못하면 올바른 커뮤니케이션(communication)도 어려울 것입니다.

22. 기부등을 거절하는 말 (寄付(きふ)などを断(ことわ)る言葉(ことば))

412 A1: お通(とお)りください。 돌아가 주세요.

오토오리 크다사이.

413 A2: ご無用(むよう)です。 됐습니다.

고무요우데스.

414 A3: また、今度(こんど)お願(ねが)い。 됐습니다.

마타 콘도 오네가이.

415 A4: さっきあげたでしょう。 아까 드렸잖아요.

삭키 아게타 데쇼우.

416 A5: その寄付(きふ)だったら会社(かいしゃ)で済(す)ませました。

소노 키후 닥타라 카이샤데 스마세 마시타.

그 기부금은 회사에서 냈습니다.

「お通(とお)りください。돌아가 주세요.」는 탁발승이 문앞에 서서 염불을 욀 때 시주 걸립은 안 하겠다고 거절하는 말입니다.

「ご無用(むよう)です。됐습니다.」는 동냥을 구하는 거지를 거절할 때 쓰는 말입니다.

「また今度(こんど)お願(ねが)い。됐습니다.」는 「나가시(流(なが)し) 술집같은 곳을 돌아

다니면서 노래하고 악기를 연주하는 사람」이나「카도즈케 게이닌(**門付芸人**)집이나 상가를 돌아다니면서 돈을 받고 연예를 피로하는 사람」을 거절할 때 쓰는 표현입니다.

전철역 앞이나 번화가에서 수상한 단체명을 자칭하며「**お願いします。** 부탁합니다. 」라고 모금상자를 내미는 사람에게는 방긋 웃으면서「**さっきあげたでしょう。** 아까 드렸잖아요.」라고 합시다.
반상회와 같은 동네 주민들의 자치 모임에서 모금을 부탁하러 왔을 때는「**その寄付だったら会社で済ませました。** 그 기부금은 회사에서 냈습니다.」라고 하면 두말 안하고 돌아갈 겁니다.

23. 술 자리에서의 거절 표현 (酒(さけ)の席(せき)での断(ことわ)り文句(もんく))

417 A1: ドクターストップ (doctor stop) で。

닥타- 스톱데.

닥터 스톱이라서요.

418 A2: 不調法(ぶちょうほう)（者(もの)）でして。 술은 못 하는 편이라서요.

브쵸우호우(모노) 데시테.

419 A3: 頂戴(ちょうだい)してばかりいて気(き)が利(き)きませんで。

쵸우다이 시테 바카리 이테 키가 키키 마센데.

저만 계속 마시고 한잔 드릴 생각을 못 했네요.

420 A4: ナチュラル・ハイ (natural high) だから、お酒(さけ)が要(い)らないんです。

나츄라르 하이 다카라 오사케가 이라나인 데스.

내츄럴·하이라서 술이 필요 없습니다.

421 A5: これでおつもりにしましょう。

코레데 오트모리니 시마쇼우.

이것으로 마지막 술잔을 듭시다.

422 A6: 今(いま)は失礼(しつれい)します。休(やす)みたいので。

이마와 시트레이 시마스. 야스미 타이노데.

지금은 사양하겠습니다.
쉬고 싶어서요.

「ドクターストップ(doctor stop)で。 닥터 스톱(doctor stop)이라서요.」는 술을 권유 받았을 때 **「医者に止められていまして。** 의사에 의 해서 술을 못 마시게 되어있어서」라는 뜻으로 사용되는 말입니다.
하지만 잘못 하면 화제가 「신장·간장」과 같은 어두운 쪽으로 흘러가서 술자리의 분위기 자체를 어둡게 만들어버릴 수도 있으니 주의가 필요합니다.

「不調法（者）でして。 술은 못 하는 편이라서요.」는 **「下手である。** 서투르다」 **「行き届かない。** 주의가 두루 미치지 못하다」라는 겸손한 뜻을 가진 거절 표현입니다. 술자리 뿐만 아니라 담배나 도박, 정사 등을 거절할 때도 쓰입니다.

「頂戴してばかりいて気が利きませんで。 저만 계속 마시고 한잔 드릴 생각을 못 했네요」는 자신의 술 마시는 페이스(pace)가 깨져서 상대방이 자꾸 술을 먹이려고 할 때 씁니다.
이렇게 말하면서 상대방의 손에서 술병을 받아서 술을 받는 입장에서 술을 따르는 입장으로 옮길 수 있다면 성공입니다.

「ナチュラル・ハイ(natural high)だから、お酒が要らないんです。 내츄럴·하이(natural high)이니까 술이 필요 없습니다.」는 알코올(alcohol)이 안 받아지는 체질을 가지는 사람이 쓰는 거절표현입니다.
ＳＦ 작가 아이작·아시모프(Issac Asimov)도 이렇게 말하면서 술을 사양했다고 합니다.
「これでおつもりにしましょう。 이것으로 마지막 술잔을 듭시다.」는 항상 지루하게 긴시간 마시고 싶어하는 사람에게 **「これでおしまい。** 이것으로 끝내자」라고 할 때 쓰는 말입니다.

「**今(いま)は失礼(しつれい)します。休(やす)みたいので。**지금은 사양하겠습니다. 쉬고 싶어서요.」

는 댄스(dance) 상대를 사양할 때 하는 말입니다.
하지만 이렇게 말하고 나서 다른 사람과 춤추는 것은 하지 맙시다.

24. 동의 할 때 쓰는 말 (同意(どうい)するときの挨拶言葉(あいさつことば))

423 A1: ご一緒(いっしょ)させていただきます。 같이 가겠습니다.

고잇쇼 사세테 이타다키마스.

424 A2: お供(とも)させていただきます。 같이 가겠습니다.

오토모 사세테 이타다키마스.

425 A3: 喜(よろこ)んでご相伴(しょうばん)させていただきます。

요로콘데 고쇼우반 사세테 이타다키마스.

기꺼이 같이 가겠습니다.
기꺼이 맛있게 먹겠습니다.

426 A4: ではご相伴(しょうばん)にあずかって。

데와 고쇼우반니 아즈캇테.

그럼 잘 먹겠습니다.
같이 가겠습니다.

누군가가 식사나 술을 같이 먹자고 했을 때 대답으로 쓰는 말입니다.

「ご一緒(いっしょ)させていただきます。 같이 가겠습니다.」「お供(とも)させていただきます。 같이 가겠습니다.」는 「一緒(いっしょ)に行(い)きましょう。 같이 갑시다.」를 더 정중하게 말하는 표현입니다.

「喜(よろこ)んでご相伴(しょうばん)させていただきます。 기꺼이 같이 가겠습니다.」

「ではご相伴(しょうばん)にあずかって。 그럼 같이 가겠습니다.」도 A1・A2 와 같은 의미지만 술 자리에서 술을 받을 때「ではご相伴(しょうばん)させていただきます。그럼 잘 먹겠습니다.」「ではご相伴(しょうばん)にあずかって。 그럼 잘 먹겠습니다.」라고 하면서 받습니다.

427 A1:お安(やす)いご用(よう)です。 식은 죽 먹기입니다.

오야스이 고요우 데스.

428 A2:私(わたし)でよければ喜(よろこ)んで。

와타시데 요케레바 요로콘데.

제가 해도 된다면 기꺼이 하겠습니다.

429 A3:私(わたし)のような者(もの)でもお役(やく)にたてるなら。

와타시노 요우나 모노데모 오야크니 타테르나라.

저 같은 사람이라도 도움이
된다면 하겠습니다.

430 A4:光栄(こうえい)です。 喜(よろこ)んで務(つと)めさせていただきます。

코우에이 데스. 요로콘데 트토메 사세테 이타다키마스.

영광입니다.
기꺼이 하겠습니다.

431 A5:ほかならぬ君(きみ)の頼(たの)みなら喜(よろこ)んで。

호카나라누 키미노 타노미나라 요로콘데.

다른 사람도 아닌 너의
부탁이라면 기꺼이 하겠어.

432 A6: 喜んで末席をお借りいたします。

요로콘데 맛세키오 오카리 이타시마스.

기꺼이 참석 하겠습니다.

433 A7: 折角ですから頂戴いたします。

섹카크 데스카라 쵸우다이 이타시마스.

모처럼 주신 물건인데
감사히 받겠습니다.

434 A8: 折角ですからご祝儀の品、納めさせていただきます。

섹카크 데스카라 고슈우기노 시나 오사메 사세테 이타다키마스.

모처럼 가져오신 축하
선물인데 감사히 받겠습니다.

사람의 부탁을 승낙할 때나 축하 선물등을 받았을 때 쓰는 말들입니다.

「お安いご用です。 식은 죽 먹기입니다.」는 친구등에게서 돈을 빌려 달라는 부탁을 받거나 다른 부탁을 받았을 때 가벼운 말투로 상대방의 마음을 편안하게 해주는 말이 됩니다.

「私でよければ喜んで。 제가 해도 된다면 기꺼이 하겠습니다.」「私のような者でもお役にたてるなら。 저같은 사람이라도 도움이 된다면 하겠습니다.」「光栄です、喜んで務めさせていただきます。 영광입니다. 기꺼이 하겠습니다.」「ほかならぬ君の頼みなら喜んで。 다른 사람도 아닌 너의 부탁이라면 기꺼이 하겠어.」는 보증인이나 중매인, 결혼식의 사회를 해달 라는 부탁을 받았을 때 그것을 승낙하는 말입니다. 단, 「ほかならぬ君(きみ)の頼(たの)みなら喜(よろこ)んで」는 친구나 손아랫사람에게만 쓸 수 있는 말입니다.

「喜(よろこ)んで末席(まっせき)をお借(か)りいたします。기꺼이 참석하겠습니다」는 결혼식에 초대 받았을 때 대답으로 쓰는 말입니다.

「折角(せっかく)ですから頂戴(ちょうだい)いたします。 모처럼 주신 물건인데 감사히 받겠습니다.」는 사례금이나 축의금을 받을 때 쓰는 인사말입니다.

「折角(せっかく)ですからご祝儀(しゅうぎ)の品(しな)、納(おさ)めさせていただきます。모처럼 가져오신 축하선물인데 감사히 받겠습니다.」는 손님이「これは心(こころ)ばかりの祝儀(しゅうぎ)の品(しな)ですが・・・。이것은 약소한 축하선물인데….」라고 하면서 선물을 내밀었을 때 사양하지 말고 이렇게 말하면서 받는 것이 현명한 행동이 됩니다.

435 A1:もしご縁(えん)がございましたら、この話(はなし)を実(みの)らせてください。

모시 고엔가 고자이 마시타라 코노 하나시오 미노라세테 크다사이.

만약 인연이 있다면 이
혼담을 성사하게 해주세요.

436 A2:願(ねが)ってもないお話(はなし)です。

네갓테모 나이 오하나시 데스.

더 바랄 나위 없는 이야기입니다.

437 A3:先(さき)さまがよろしければ、しばらくお付(つ)き合(あ)いさせていただきたいと思(おも)います。本当(ほんとう)に素晴(すば)らしい方(かた)を紹介(しょうかい)いただき有難(ありがと)うございました。

사키사마가 요로시케레바 시바라크 오트키아이 사세테 이타다키 타이토 오모이마스.
혼토우니 스바라시이 카타오 쇼우카이 이타다키 아리가토우 고자이 마시타.

그쪽분만 괜찮으시면 좀 더 만나고 싶습니다.
정말로 훌륭한 분을 소개시켜 주셔서 감사합니다.

혼담을 승낙할 때 쓰는 말입니다.

「もしご縁(えん)がございましたら、この話(はなし)を実(みの)らせてください。만약 인연이 있다면 이 혼담을 성사하게 해주세요.」는 중매인에게 혼담의 승낙을 전하는 말입니다.

「願(ねが)ってもないお話(はなし)です。더 바랄 나위 없는 이야기입니다」는 자기에게는 과분한 혼담이라고 겸손하는 표현입니다. 이 말은 잘못하면 무례한 말로 들릴 수 있으니 조심하셔야 합니다.

「先(さき)さまがよろしければ、しばらくお付(つ)き合(あ)いさせていただきたいと思(おも)います。本当(ほんとう)に素晴(すば)らしい方(かた)を紹介(しょうかい)いただき有難(ありがと)うございました。그쪽분만 괜찮으시다면 좀 더 만나고 싶습니다. 정말 훌륭한 분을 소개시켜 주셔서 감사합니다.」는 맞선을 보고 상대방이 마음에 들었을 때 중매인에게 그것을 전할 때 씁니다.

438 A1: 私(わたし)も同意見(どういけん)です。　　저도 같은 의견입니다.

와타시모 도우이켄 데스.

439 A2: 異議(いぎ)なし。　　이의 없음.

이기나시.

440 A3: 仰(おっしゃ)るとおりです。　　말씀하시는 대로입니다.

옷샤르 토오리데스.

441 A4: 賛成(さんせい)です。　　찬성합니다.

산세이 데스.

442 A5: それはいい考(かんが)えだ。　　그건 좋은 생각이다.

소레와 이이 칸가에다.

443 A6: 気(き)がつきませんでした。　　미처 생각을 못 했습니다.

키가 트키마센 데시타.

444 A7: それで行(い)こう。　　그걸로 가자.

소레데 이코우.

상대방 의견에 동의 찬성할 때 쓰는 말입니다.

「私(わたし)も同意見(どういけん)です。저도 같은 의견입니다.」는 대등 관계에 있는 사람에게 쓸 수 있는 말이며 윗사람에게 말하면 안됩니다.

「異議(いぎ)なし。이의 없음.」은 강한 찬성을 표하는 말이지만 이것도 윗사람에게는 못 씁니다.

「仰(おっしゃ)るとおりです。 말씀하시는 대로입니다. 」는 윗사람이나 손님의 의견에 동의할 때 쓰는 말입니다. 같은 뜻으로「お説(せつ)のとおりです」라고 하는 일본사람을 가끔 보지만 이 말은 오히려「무례한 말」이 되므로 쓰지 않도록 합시다.

「賛成(さんせい)です。 찬성합니다.」는「同意見(どういけん)です。 같은 의견입니다.」보다 무미건조한 말이 됩니다. 윗사람에게는 못 씁니다.

「それはいい考(かんが)えだ。그것은 좋은 생각이다.」는 윗사람이 아랫사람의 의견에 찬성할 때 쓰는 말입니다. 친한 동료에게도 써도 됩니다.

「気(き)がつきませんでした。 미처 생각을 못 했습니다.」는 지적 받은 사항에 동의하는 말입니다.

「それで行(い)こう。 그것으로 가자.」는 회의나 협의에서 뭔가 결정을 내릴 때 쓰는 말입니다. 윗사람에 대해서는 못 씁니다.

445
A1: 承知(しょうち)いたしました。 알겠습니다.

쇼우치 이타시 마시타.

446
A2:かしこまりました。 잘 알겠습니다.

카시코마리 마시타.

447
A3: 承(うけたまわ)りました。 승낙했습니다.

우케타마와리 마시타.

448
A4:はい、ただ今(いま)。 네, 바로 갑니다.

하이 타다이마.

449
A5: 難(むつか)しいと思(おも)いますが、なんとかやってみます。

무즈카시이토 오모이 마스가 난토카 얏테미마스.

어렵겠습니다만 어떻게든 해 보겠습니다.

450
A6:やらせてください。 시켜 주세요.

야라세테 크다사이.

상사의 명령이나 고객에게 쓰는 말입니다.

「承知(しょうち)いたしました。 알겠습니다」는 상사의 명령에게 대답하는 일반적인 말입니다. 스스럼 없는 말인「はい、わかりました。 네, 알겠습니다.」를 정중하게 말할 때 이렇게 말합니다.

「承(うけたまわ)りました。 잘 알겠습니다.」는 고객의 말에 응할 때 쓰는 말입니다.

「はい、ただ今(いま)。 네, 지금 가겠습니다.」는 고객이 불렀을 때나 재촉받았을 때 쓰는 말입니다.

「難(むずか)しいと思(おも)いますが、なんとかやってみます。어렵겠습니다만 어떻게든 해 보겠습니다.」는 상사가 시킨 하기 어려운 명령에 응할 때 쓰는 말입니다.
「やらせてください。 시켜 주세요.」는 상사의 명령이나 의뢰에 응할 때 쓰는 말입니다.

451 A1:じゃあ、そうしましょう。 그럼, 그렇게 합시다.

쟈, 소우 시마쇼우.

452
A2:根負(こんま)けしました。 당신 끈기에 졌습니다.

콘마케 시마시타.

453
A3:私(わたし)の方(ほう)が泣(な)きましょう。 제가 지겠습니다.

와타시노 호우가 나키마쇼우.

454
A4:是々非々(ぜぜひひ)で行(い)きましょう。

제제히히데 이키마쇼우.

검토하고 나서 결정합시다.

455
A5:乗(の)ってみるか。 해 볼까.

놋테 미르카.

456
A6:勉強(べんきょう)させてもらいます。

벤쿄우 사세테 모라이마스.

가격을 깎아드리겠습니다.

457
A7:お約束(やくそく)の納期(のうき)までには必(かなら)ず納入(のうにゅう)いたします。

오야크소크노 노우키 마데니와 카나라즈 노우뉴우 이타시마스.

약속한 납품일까지 반드시 납품하겠습니다.

상담(商談(しょうだん))에 응할 때 쓰는 비즈니스일본어입니다.

「じゃあ、そうしましょう。그럼 그렇게 합시다.」는 약간 소극적으로 응할 때나 조건부 협상에 응할 때 쓰는 말이며 아주 중요한 상담에 응할 때에는 쓰지 않습니다.

「根負(こんま)けしました。 당신 끈기에 졌습니다.」는 상담 상대가 끈질겨서

어쩔수 없이 응했을 때 쓰는 말입니다. 윗사람에게는 못 쓰는 말이니 웃으면서 이렇게 말할 수 있는 친한 사람에게만 쓰도록 합시다.

「**私の方が泣きましょう**。 제가 졌습니다.」는 자기가 손해 보는 것을 감수해서 상담에 응할 때 씁니다. 상대방에게 억지로 어려운 부탁을 할 때에는「**今回は泣いてください、次は必ず**。 이번에는 양보해 주세요. 다음에는 꼭(당신이 원하는대로 하겠습니다)」라고 하면서 다음 기회를 기약합니다.

금액을 크게 깎으려고 할 때도「**もう少し泣いてください**。 조금만 더 양보해 주세요」라고 합니다.

「**是々非々で行きましょう**。 검토하고 나서 결정합시다」는 승낙할 때에도 거절할 때에도 쓸 수 있는 말이며 각각의 상황을 살펴보고 검토를 하고 나서 상담을 하자고 제안하는 말입니다. 의리나 인정을 따지지 말고 좋고 나쁨을 공평하게 판단하자는 뜻이 됩니다.

「**乗ってみるか**。 해 볼까.」라는 말은 상대방 말에 일부러 속아주면서 상대방이 빚을 지었다고 생각하게 만드려고 할 때 쓰는 말입니다.

「**勉強させてもらいます**。 깎아드리겠습니다.」는 주로 소매점에서 물건 가격을 깎아 줄 때 쓰는 말입니다.「**勉強**」는「**値引き**・할인」이라는 뜻입니다.

「**お約束の納期までには必ず納入いたします**。약속한 납품일 까지 꼭 납품 하겠습니다.」는 납품기일을 엄수하겠다고 확약하는 말입니다.

25. 신세를 졌을 때 감사를 표현하는 말 (世話(せわ)になったときのお礼(れい)の言葉(ことば))

458 A1：ひとかたならぬお世話(せわ)になりまして有難(ありがと)うございました。

히토카타나라누 오세와니 나리마시테 아리가토우 고자이마시타.

각별히 신경 써주셔서 감사합니다.

459 A2：ひとかたならぬお力(ちから)添(ぞ)えをいただき有難(ありがと)うございました。

히토카타 나라누 오치카라 조에오 이타다키 아리가토우 고자이 마시타.

각별한 도움에 감사드리겠습니다.

460 A3：すっかりお手(て)をわずらわしてしまいました。

슥카리 오테오 와즈라와시테 시마이 마시타.

폐를 많이 끼쳤습니다.

461 A4：恐(おそ)れ入(い)ります。 죄송합니다. 감사합니다.

오소레 이리마스.

462 A5：お礼(れい)の申(もう)し上(あ)げようもございません。

오레이노 모우시아게 요우모 아리마센.

어떻게 이 고마움을 전해야 할 지 모르겠습니다.

463 A6：お骨折(ほねお)りをいただきまして有難(ありがと)うございました。

오호네 오리오 이타다키 마시테 아리가토우 고자이 마시타.

도와주셔서 감사합니다.

464
A7:お手数をおかけしまして有難うございました。

오테스우오 오카케 시마시테 아리가토우 고자이 마시타.

수고해 주셔서 감사합니다.

465
A8:いろいろとご親切に有難うございました。

이로이로토 고신세트니 아리가토우 고자이 마시타.

여러가지로 신경 써주셔서 감사합니다.

466
A9:いつも子供が御厄介になりまして有難うございます。

이트모 코도모가 고약카이니 나리마시테 아리가토우 고자이마스.

늘 우리 아이를 챙겨주셔서 감사합니다.

남에게 신세를 지거나 자기 때문에 고생한 사람에게 감사를 표하는 말들입니다.

「ひとかたならぬお世話になりまして有難うございました。특별히 신경 써 주셔서 감사합니다.」는 실질적으로 고생 해주신 사람에게 쓰는 감사의 말입니다.

「ひとかたならぬお力添えをいただき有難うございました。각별한 도움에 감사드리겠습니다.」는 사람을 소개 받았을 때 쓰는 감사표현입니다.

「すっかりお手をわずらわしてしまいました。폐를 많이 끼쳤습니다.」는 윗사람이 자기를 위해 시간을 내고 도와주셨을 때 감사를 표하는 말입니다.

「恐れ入ります。죄송합니다. 감사합니다.」는 예스러운 말이지만 중요한 장면에서든 간단한 인사에서든 쓸 수 있는 편리한 말입니다.

예를 들어서 식장에서 윗사람이 물을 따라줬을 때 감사하는 마음으로 「恐(おそ)れ入(い)ります。」라고 하면 됩니다.

또한 남에게 뭔가를 부탁할 때 먼저 「恐(おそ)れ入(い)りますが・・・」라고 하면 공손한 표현이 됩니다.

「お礼(れい)の申(もう)し上(あ)げようもございません。 어떻게 고마움을 전해야 할 지 모르겠습니다.」는 상대방이 자기를 위해 정말 고생했을 때 쓰는 감격의 표현입니다.

「お骨折(ほねお)りをいただきまして有難(ありがと)うございました。 도와주셔서 감사합니다.」는 자기를 위해 노력을 기울여준 사람에 감사의 마음을 전할 때 쓰는 말입니다.

「お手数(てすう)をおかけしまして有難(ありがと)うございました。 수고해 주셔서 감사합니다.」는 폐를 끼친 사람에게 쓰는 감사표현입니다.

「いろいろとご親切(しんせつ)に有難(ありがと)うございました。 여러가지로 신경 써주셔서 감사합니다.」는 모르는 사람에게 고마움을 전할 때 쓰는 말입니다. 예를 들어 지나가는 사람에게 길을 물어봤는데 목적지까지 같이 가줬다거나 그럴 때 쓰는 말입니다.

「いつも子供(こども)が御厄介(ごやっかい)になりまして有難(ありがと)うございます。 늘 우리아이를 챙겨 주셔서 감사합니다.」는 자기 자식의 선생님이나 상사, 동료에게 보호자 입장에서 감사를 전할 때 쓰는 말입니다.

A1:ほんとに少(すく)ないんですけど。 얼마 안되지만요.

혼토니 스크나인 데스케드.

468
A2:いずれ改(あらた)めまして。　　　다시 찾아뵙겠습니다.

이즈레 아라타메 마시테.

469
A3:おかげさまで助(たす)かりました。　　　덕분에 살았습니다.

오카게 사마데 타스카리 마시타.

470
A5:恩(おん)にきます。　　　받은 은혜 정말 감사합니다.

온니 키마스.

471
A5:ご恩は一生忘れません。

고온와 잇쇼우 와스레마센.

이 은혜는 평생 잊지 않겠습니다.

「ほんとに少(すく)ないんですけど。 얼마 안되지만요」는 자기를 도와준 아랫사람에게 노임으로써 돈을 줄 때 쓰는 말입니다.
예를 들어서 남편의 회사 부하가 하루 종일 자기 컴퓨터 설치에 애를 써준 경우 등에 감사와 위로의 말을 덧붙이면서「お手数(てすう)かけました、有難(ありがと)う。これ本当(ほんとう)に少(すく)ないんですけど。수고 많으셨어요. 이거 얼마 안 되지만요.」 이렇게 말하면서 건네줍니다.

이 때 상대방이 안 받으려고 했을 때는「でも気持(きも)ちだけなんですから。그래도 마음만 받아주세요」라고 하면서 다시 시도해보세요.

「いずれ改(あらた)めまして。 다시 찾아뵙겠습니다.」는 가볍게 인사를 나누거나 진사의 뜻을 표하려고 사람을 찾아갔을 때 쓰는 말이며 후일에

다시 정식적으로 인사나 진사를 할 필요가 있습니다.

「おかげさまで助(たす)かりました。덕분에 살았습니다.」는 상대방이 간단하게 도와준 일에 대해서 감사를 표하는 말입니다. 많이 고생했는데 이렇게 밖에 말을 안 해주면 상대방은 섭섭해 할 수도 있습니다.

「恩(おん)にきます。받은 은혜를 정말 감사합니다.」는 은혜를 받은 것에 대해서 감사하고 있다는 뜻의 인사말입니다.

「ご恩(おん)は一生(いっしょう)忘(わす)れません。이 은혜는 평생 잊지 않겠습니다.」는「恩(おん)にきます。」에서는 말이 부족하다 싶을 때 쓰는 말입니다.

472 A1:はばかりさま。　신세가 많습니다. 고맙습니다.

하바카리사마.

473 A2:かたじけない。　죄송합니다.

카라지케 나이.

474 A3:かたじけのうござる。　죄송합니다.

카라지케노우 고자르.

475 A4:大(おお)きにお世話(せわ)さん。　고맙습니다, 신세를 졌습니다.

오오키니 오세와산.

476 A5:大(おお)きに御馳走(ごちそう)さん。　고맙습니다, 잘 먹었습니다.

오오키니 고치소우산.

477 A6:大(おお)きにお邪魔(じゃま)さん。　고맙습니다, 실례하겠습니다.

오오키니 오쟈마산.

Ａ１～Ａ３는 옛날말, Ａ４～Ａ６는 오사카사투리 입니다. 「はばかりさま。 신세가 많습니다.」는 "신세를 졌습니다 고맙습니다."라는 뜻을 가진 말이며１９４０년대쯤 까지 쓰여있던 인사말입니다.
「かたじけない。 죄송합니다.」「かたじけのうござる。 죄송합니다.」는 에도시대 때 사무라이들이 쓰던 말입니다.

「大きにお世話さん。 고맙습니다, 신세를 많이 졌어요.」는 다른 사람에게 신세를 졌을 때 쓰는 오사카사투리 입니다.

「大きに御馳走さん。 고맙습니다, 잘 먹었습니다.」는 식사나 술을 대접 받았을 때 쓰는 오사카사투리 입니다.

「大きにお邪魔さん 고맙습니다, 실례하겠습니다.」는 방문처에서 돌아갈 때 쓰는 오사카사투리 입니다. 「大きに」는 고맙다는 뜻입니다.

478

A1:いつぞやは大変お世話になりまして有難うございました。

이트조야와 타이헨 오세와니 나리마시테 아리가토우 고자이마시타.

전번에는 정말 많이 신경 써주셔서 고맙습니다.

479

A2:あなたにも迷惑をかけて済まないと思っています。

아나타니모 메이와크오 카케테 스마나이토 오못테 이마스.

당신에게도 폐를 끼쳐서 미안하다고 생각하고 있습니다.

480

A3:ほんとにあなたにも苦労をかけて済まないね。

혼토니 아나타니모 크로우오 카케테 스마나이네.

정말로 너에게도 고생을 시켜서 미안하네.

481
A4: 以後気を付けます。ご親切にご注意頂きまして有難うございます。

이고 키오트케마스. 고신세트니 고츄우이 이타다키 마시테 아리가토우 고자이마스.

앞으로 조심하겠습니다.
친절하게 주의해 주셔서 고맙습니다.

일본사람끼리 만났을 때는 첫마디로 꼭 지난번 이야기를 꺼내면서「いつぞやは大変(たいへん)お世話(せわ)になりまして有難(ありがと)うございました。 전번에는 정말 많이 신경 써주셔서 감사합니다.」라고 한 후에 그날의 용건으로 들어갑니다.

「あなたにも迷惑(めいわく)をかけて済(す)まないと思(おも)っています。 당신에게도 폐를 끼쳐서 미안하다고 생각하고 있습니다.」는 여러명의 사람들이 자기를 도와줬을 때 감사를 표하는 말입니다. 이 때 상대방이 아랫사람인 경우에는「ほんとにあなたにも苦労(くろう)をかけて済(す)まないね。 정말로 너에게도 고생을 시켜서 미안하네.」라고 하면서 감사의 뜻을 표합니다.

「以後気(いごき)を付(つ)けます。ご親切(しんせつ)にご注意頂(ちゅういいただ)きまして有難(ありがと)うございます。 앞으로 조심하겠습니다. 친절하게 주의해 주셔서 감사합니다.」는 고객을 상대로 장사하는 사람이 고객에게 주의를 받았을 때 쓰는 말입니다.

482 A1: お忙(いそが)しいところをわざわざおいで下(くだ)さいまして有難(ありがと)うございます。

오이소가시이 토코로오 와자와자 오이데 크다사이 마시테 아리가토우 고자이마스.

바쁘신데 일부러 와 주셔서 고맙습니다.

483 A2:お忙(いそが)しいところをお運(はこ)び頂(いただ)きまして有難(ありがと)うございます。

오이소가시이 토코로오 오하코비 이타다키 마시테 아리가토우 고자이마스.

바쁘신데 와주셔서 고맙습니다.

484 A3:遠(とお)いところをはるばるお越(こ)し頂(いただ)きまして有難(ありがと)うございます。

토오이 토코로오 하르바르 오코시 이타다키 마시테 아리가토우 고자이마스.

먼 길을 일부러 와 주셔서 고맙습니다.

485 A4:遠路(えんろ)はるばるお越(こ)し頂(いただ)きまして有難(ありがと)うございます。

엔로 하르바르 오코시 이타다키 마시테 아리가토우 고자이마스.

먼 길을 와 주셔서 고맙습니다.

486 A5:本日(ほんじつ)は、いたらない私(わたし)たち二人(ふたり)のために、お忙(いそが)しいところをお運(はこ)び頂(いただ)きまして有難(ありがと)うございます。

혼지트와 이타라나이 와타시타치 후타리노 타메니 오이소가시이 토코로오 오하코비 이타다키 마시테 아리가토우 고자이마스.

오늘은 미숙한 저희들을 위해서
바쁘신 와중에 와 주셔서 감사합니다.

손님을 초대했을 때 쓰는 인사말입니다.

「お忙(いそが)しいところをわざわざおいで下(くだ)さいまして有難(ありがと)うございます。바쁘신데 일부러 와주셔서 감사합니다.」는 자기를 위해 귀한 시간을 내준 것에 대한 감사의 표현입니다.

「お忙(いそが)しいところをお運(はこ)び頂(いただ)きまして有難(ありがと)うございます。 바쁘신데 와 주셔서 감사합니다.」는 「お忙(いそが)しいところをわざわざおいで下(くだ)さいまし

て有難(ありがと)うございます。」보다 공손한 말이 됩니다.

「遠(とお)いところをはるばるお越(こ)し頂(いただ)きまして有難(ありがと)うございます。 먼 길을 일부러 와 주셔서 감사합니다.」는 멀리서 와준 것에 대한 감사의 표현입니다.

「遠路(えんろ)はるばるお越(こ)し頂(いただ)きまして有難(ありがと)うございます。먼 길을 와 주셔서 감사합니다.」는「遠(とお)いところをはるばるお越(こ)し頂(いただ)きまして有難(ありがと)うございます。」보다 공손한 표현입니다.

「本日(ほんじつ)は、いたらない私(わたし)たち二人(ふたり)のために、お忙(いそが)しいところをお運(はこ)び頂(いただ)きまして有難(ありがと)うございます。 오늘은 미숙한 저희들을 위해 바쁘신 와중에 와 주셔서 감사합니다.」는 결혼식을 올린 사람이 초대한 손님들에게 감사를 표하는 말입니다.

487 A1：お招(まね)き有難(ありがと)う。 초대해줘서 고마워.

오마네키 아리가토우..

488 A2：お招(まね)きにあずかりまして有難(ありがと)うございます。

오마네키니 아즈카리 마시테 아리가토우 고자이마스.

초대해 주셔서 감사합니다.

489 A3：大変(たいへん)なおもてなしにあずかりましてご馳走(ちそう)さまでした。

타이헨나 오모테나시니 아즈카리 마시테 고치소우사마 데시타.

정말 큰 대접을 받았습니다. 잘 먹었습니다.

490
A4:思わぬ散財をおかけしてしまって申し訳ございません。

오모와누 산자이오 오카케시테 시맛테 모우시와케 고자이마센.

생각지 못하게 돈 쓰게 해서 죄송합니다.

491
A5:長居をいたしましてお邪魔いたしました。

나가이오 이타시 마시테 오쟈마 이타시 마시타.

너무 오래 있었네요.
실례하겠습니다.

결혼식 피로연이나 파티, 술자리에 초대 받았을 때 하는 인사말입니다.

「お招き有難う。 초대해줘서 고마워.」는 초대한 사람도 초대 받은 사람도 젊은 사람이였을 경우에 쓰는 말입니다.

「お招きにあずかりまして有難うございます。 초대해 주셔서 감사합니다.」는 결혼식 피로연이나 파티등에 초대 받았을 때 쓰는 일반적인 인사말입니다.

「大変なおもてなしにあずかりましてご馳走さまでした。 정말 큰 대접을 받았습니다. 잘 먹었습니다.」는 정말 큰 대접을 받았다고 생각했을 때 쓰는 말이며 그렇지 않은 경우에 쓰면 비육으로 받아들일 수 있으니 조심하셔야 합니다.

「思わぬ散財をおかけしてしまって申し訳ございません。 생각지도 못하게 돈 쓰게 해서 죄송합니다.」는 식사를 얻어먹었을 때 쓰는 말입니다.

「長居を致しましてお邪魔いたしました。너무 오래 있었네요. 실례하겠습니다.」는 개인댁을 방문해서 오랜 시간 있다가 자리에서

일어날 때 쓰는 인사말입니다. "편해서 나도 모르게 오래 머물어 버렸다" 라는 뜻을 가지고 있습니다.

492 A1: ご丁重(ていちょう)なお見舞(みま)いをいただきまして有難(ありがと)うございました。

고테이쵸우나 오미마이오 이타다키 마시테 아리가토우 고자이마시타.

문안 와주셔서 감사합니다.

493 A2: 早速(さっそく)のお見舞(みま)い有難(ありがと)うございます。

삿소크노 오미마이 아리가토우 고자이마스.

이렇게 빨리 와주셔서 감사합니다.

494 A3: お心遣(こころづか)い有難(ありがと)うございます。

오코코로 즈카이 아리가토우 고자마스.

신경 써 주셔서 감사합니다.

495 A4: 休(やす)んでいる間(あいだ)はお世話(せわ)さまになりました。

야슨데 이르 아이다와 오세와사마니 나리마시타.

쉬고 있는 동안 신세를 졌습니다.

병문안이나 위문을 받았을 때 쓰는 말입니다.

「ご丁重(ていちょう)なお見舞(みま)いをいただきまして有難(ありがと)うございました。 병문안 와주셔서 감사합니다.」는 별로 친하지 않은 사람이나 윗사람에게서 병문안 받았을때 감사를 전하는 말입니다. 병문안 뿐만 아니라 화재 위문이나 태풍 위문을 받았을 때도 쓸 수 있습니다.

「早速(さっそく)のお見舞(みま)い有難(ありがと)うございます。 이렇게 빨리 와주셔서 감사합니다.」는 화재 위문이나 태풍 위문에 빨리 와주거나 안부 전화를 해 준 사람에게 쓰는 말입니다.

「お心遣(こころづか)い有難(ありがと)うございます。신경 써 주셔서 감사합니다.」는 병문안에 와 준 사람에게는 물론 주위를 돌봐주거나 여러면에서 도와준 사람에게도 쓸 수 있는 감사의 마음을 전하는 표현입니다.

「休(やす)んでいる間(あいだ)はお世話(せわ)さまになりました。 쉬고 있는 동안 신세를 졌습니다.」는 회사를 쉰 경우에 회사 사람들에세 쓰는 감사표현입니다.

496 A1:ご苦労(くろう)さまです。 수고하셨습니다.

고크로우사마데스.

497 A2:お世話(せわ)さまです。 신세를 졌습니다.

오세와사마데스.

498 A3:ご面倒(めんどう)をかけました。 폐를 끼쳤습니다.

고멘도우오 카케마시타.

음식 배달이나 단골집에서 사람이 주문 받으러 왔을 때, 아니면 택배 받았을 때 쓰는 말입니다.

「ご苦労(くろう)さまです。수고하셨습니다.」는 고용인에게 쓰는 말이므로 동네에서 자치회 사람이 회람판을 가져 와줬을 때는「ご苦労(くろう)さまです。수고 하셨습니다.」라고 하지 말고「お世話(せわ)さま。신세를 졌습니다.」라고 합시다.

음식 배달이 왔을 때도 알바생이 아닌 가게 주인이 와줬을 때는「ご苦労(くろう)さま。수고하셨습니다.」는 쓰지 말고「お世話(せわ)さま。신세를 졌습니다.」라고 하는 것이 좋겠습니다.

「お世話(せわ)さま。신세를 졌습니다.」는 부재중에 택배를 대신 받아준 옆집 사람에게 쓰는 인사 등 폭넓게 쓸 수 있는 편리한 말입니다.

「ご面倒(めんどう)をかけました。폐를 끼쳤습니다」는 정상시와 다른 서비스를 부탁했을 때, 무거운 소포를 택배 받았을 때나 특별한 주문을 했을 때, 한 번 주문한 것을 취소하고 또 다른 주문을 했을 경우 등에 쓸 수 있습니다.

499 A1: 頂戴(ちょうだい)いたします。 감사히 받겠습니다.

쵸우다이 이타시마스.

500 A2: いつもお珍(めずら)しい品(しな)を有難(ありがと)うございます。

이트모 오메즈라시이 시나오 아리가토우 고자이마스.

항상 귀한 물건을 고맙습니다.

501 A3: これはこれはご丁寧(ていねい)に恐(おそ)れ入(い)ります。

코레와 코레와 고테이네이니 오소레 이리마스.

이거 정말 대단히 송구스럽습니다.

502 A4: これずっと欲(ほ)しかった物(もの)なんです。

코레 줏토 호시캇타 모노 난데스.

이것 옛날부터 갖고 싶었던 것인데요.

503 A5:覚(おぼ)えていてくださったのですね。

오보에테 이테 크다삿타노 데스네.

기억하고 계셨군요.

504 A6:よく見(み)つけたわね。なかなかないのよ。

요크 미트케타와네. 나카나카 나이노요.

어떻게 찾아냈어요. 잘 없는데.

선물 같은 것을 받았을 때 쓰는 말입니다.

「頂戴(ちょうだい)いたします。감사히 받겠습니다.」는 별로 고맙다고 할 필요도 없는 물건이나 명함과 같은 것을 받았을 때 쓰는 말입니다.

「いつもお珍(めずら)しい品(しな)を有難(ありがと)うございます。항상 귀한 물건을 고맙습니다」는 고향 특산물과 같은 것을 받았을 때 쓰는 인사말입니다.

「これはこれはご丁寧(ていねい)に恐(おそ)れ入(い)ります。이거 정말 대단히 송구스럽습니다.」는 방문객이 가져온 선물이나 이사 선물, 답례품을 받았을 때 쓰는 말입니다.

「これずっと欲(ほ)しかった物(もの)なんですよ。이것 옛날부터 갖고 싶었던 것인데.」는 자기가 정말 갖고 싶었던 선물을 준 사람에게 쓰는 최상의 사례인사 입니다.

「覚(おぼ)えていてくださったのですね。기억하고 계셨네요.」는 생일이나 결혼기념일 등을 기억해서 선물을 준 사람에게 쓰는 감사표현입니다.

「よく見(み)つけたわね。なかなかないのよ。어떻게 찾아냈어요. 잘 없는데.」

는 자기가 갖고 싶었던 물건을 찾아내서 선물해준 사람에게 감사를 표하는 말입니다.

선물 해준 사람에게 「お目(め)が高(たか)い。당신 눈이 높다.」는 마음을 담아서 씁니다.

505 A1:まことに過分(かぶん)なお志(こころざし)を頂(いただ)きまして有難(ありがと)うございます。

마코토니 카분나 오코코로자시오 이타다키 마시테 아리가토우 고자이마스.

정말로 과분한 성의를
주셔서 감사합니다.

506 A2:それでは、ご馳走(ちそう)さま。　　그럼 잘 먹었습니다.

소레데와 고치소우사마.

507 A3:先(さき)ほどは結構(けっこう)なものを頂(いただ)きまして有難(ありがと)うございました。

사키호도와 켁코우나 모노오 이타다키 마시테 아리가토우 고자이 마시타.

아까는 정말 좋은 것을
주셔서 감사합니다.

위문금이나 선물을 받았을 때, 식사를 대접 받았을 때 쓰는 사례인사입니다.

「まことに過分(かぶん)なお志(こころざし)を頂(いただ)きまして有難(ありがと)うございます。정말로 과분한 성의를 주셔서 감사합니다.」는 위문금과 같은 돈을 받았을 경우, 그날 이후에 다시 감사의 말을 전할 때 쓰는 말입니다.

「それでは、ご馳走(ちそう)さま。그럼 잘 먹었습니다」는 「私(わたし)が払(はら)う。내가 낼게.」「いや、私(わたし)が払(はら)う。아니 내가 낼게.」라는 대화를 몇번 반복한

후 상대방이 내주는 경우에 쓰는 말입니다.

「先(さき)ほどは結構(けっこう)なものを頂(いただ)きまして有難(ありがと)うございました。아까는 정말 좋은 것을 주셔서 감사합니다.」는 선물을 받은 후 다시 사례인사를 전할 때 쓰는 말입니다. 정말 좋은 것이란 고가의 물건, 맛있는 것, 예쁜 것, 귀한 물건 등 선물 받은 모든 것을 말합니다.

26. 사죄할 때 쓰는 말 (謝罪(しゃざい)するときの挨拶言葉(あいさつことば))

508
A1: 失礼(しつれい)しました。　실례 했습니다.

시트레이 시마시타.

509
A2: どうも失礼致(しつれいいた)しました。　대단히 실례 했습니다.

도우모 시트레이 이타시 마시타.

510
A3: あっ、失礼(しつれい)。　아, 미안해요.

앗, 시트레이.

511
A4: おっと失敬(しっけい)。　어, 미안해요.

옷토 식케이.

512
A5: ごめんなさい。　미안해요.

고멘나사이.

513
A6: どうもすみませんでした。　정말 미안합니다.

도우모 스미마센 데시타.

514
A7: どうも相済(あいす)みません。　정말 죄송합니다.

도우모 아이스미 마센.

515
A8: どうも申(もう)し訳(わけ)ございません。　정말 죄송합니다.

도우모 모우시와케 고자이마센.

516 A9: ご無礼(ぶれい)いたしました。 무례함을 용서해주세요.

고브레이 이타시마시타.

517 A10: すみません。 미안합니다.

스미마센.

자기가 한 실수(mistake) 나 예의에 어긋나는 행위를 인정해서 사죄할 때 쓰는 말입니다.

「失礼(しつれい)しました。 실례 했습니다.」는 실수로 남의 몸 일부에 손을 댔다거나 예의없는 행위를 한 경우에 사과하는 말입니다. **「失礼(しつれい)」**는 **「失敬(しっけい)」**보다 조금 더 정중한 표현이 됩니다.

「どうも失礼致(しつれいいた)しました。 정말 실례했습니다.」는 일반적으로 가벼운 실수(mistake)를 범한 경우에 쓸 수 있습니다.

「あっ、失礼(しつれい)。 아, 미안해요.」는 남의 발을 밟았거나 사람과 부딪혔을 때 쓰는 간단한 사과표현입니다. 영어의 Excuse me. 와 같은 뉘앙스로 쓰입니다.

「おっと失敬(しっけい)。 어, 미안해요.」는 영화관에서 사람 앞을 지나갈 경우 등에 쓰는 말입니다.

「ごめんなさい。 미안합니다.」는 **「失礼(しつれい)」**보다 스스럼 없는 표현으로 쓰입니다.

「どうもすみませんでした。 정말 죄송합니다.」는 윗사람에게 쓰는 일반적인 사과표현입니다.

「どうも相済(あいす)みません。정말 죄송합니다.」는 「すみません。죄송합니다.」보다 더 정중한 느낌이 드는 사죄의 표현입니다. 예스러운 표현이라고 하는 일본사람도 있겠죠.

「どうも申(もう)し訳(わけ)ございません。정말 죄송합니다.」라고 하면 그 후에 「直(ただ)ちに・・・致(いた)します。바로 …하겠습니다.」라는 말을 붙여서 선후책까지 언급하는 것이 좋겠습니다.

「ご無礼(ぶれい)いたしました。무례함을 용서해주십시오.」는 정말 예의가 아니라고 생각되는 행동을 했을 때 하는 사죄의 인사말입니다.
주의부족으로 남의 모자를 날리거나 더욱 무례한 실수를 했을 때 씁니다.
「すみません。죄송합니다.」는 실수를 사과할 때 첫마디로 쓰는 말이며 이렇게 말하면서 고개를 숙이는 것을 잊지 마십시오. 「すみませんが・・・。죄송합니다만.」하고는 뜻이 다르니 주의하셔야 합니다.

518 A1:深(ふか)く反省(はんせい)しております。 깊게 반성하고 있습니다.

후카크 한세이시테 오리마스.

519 A2:どうも気(き)がつきませんで失礼(しつれい)いたしました。

도우모 키가 트키마센데 시트레이 이타시 마시타.

전혀 눈치도 없이 실례 했습니다.

520 A3:肝(きも)に銘(めい)じます。 명심하겠습니다.

키모니 메이지마스.

521 ひとこと

A4: 一言もありません。 할 말이 없습니다.

히토코토모 아리마센.

522 たび ふてぎわ わ

A5: この度の不手際につきましては、お詫びのしようもございません。

코노타비노 후테기와니 트키마시테와 오와비노 시요우모 고자이마센.

이번 실수에 대해서는
사과 드릴 방법도 없습니다.

523 まった わたし ふほんい もう わけ よち

A6: 全く私の不本意からで申し訳の余地はありません。

맛타크 와타시노 후혼이카라데 모우시와케노 요치와 아리마센.

모두 제가 본의 아니게 치른
실수이므로 변명의 여지도 없습니다.

524 めんぼくしだい

A7: 面目次第もありません。 면목도 없습니다.

멘보크 시다이모 아리마센.

525 めんぼく

A8: 面目ない。 면목 없습니다.

멘보크 나이.

자기의 과오를 인정해서 반성하는 마음과 함께 사죄의 뜻을 전할 때 쓰는 인사말입니다.

「深く反省しております。 깊이 반성하고 있습니다.」는 직장에서 상사에게 질책 받았을 경우에 「私の考えが間違っていました。深く反省しております。제 생각이 틀렸습니다. 깊이 반성하고 있습니다.」라고 사죄하면 상사도 당신에게 호의를 가져줄 겁니다.

「どうも気がつきませんで失礼いたしました。전혀 눈치도 없이 실례하

겠습니다.」는 무언가 재촉 받았을 때나 실수를 지적 받았을 때「どうも気がつきませんで失礼いたしました。これからは気を付けます。전혀 눈치도 없이 실례했습니다. 앞으로는 조심하겠습니다.」라고 하면 당신의 성의를 인정 받을 수 있을겁니다.

「肝に銘じます。명심하겠습니다.」는「二度とないよう心がけます。다시는 이런 일이 없도록 주의하겠습니다.」「十分注意します。충분히 조심하겠습니다」와 같은 뜻으로 쓰이며 상대방에게 다시는 같은 실수를 안하겠다 라는 의사표현이 포함된 사죄표현이 됩니다.

「一言もありません。할 말이 없습니다.」는 사죄 받을 사람이「何か言い分があるかね 。뭐 할 말이 있냐」고 물었을 때 경솔하게 변명을 하지 말고 「仰るとおりです。一言もございません。今後は、このようなことがないよう肝に銘じます。당신이 말씀하신 대로 입니다. 할 말이 없습니다. 앞으로는 이런 일이 없도록 명심하겠습니다.」라고 하면서 사죄를 하는 것이 일본사람들이 호감을 가질 만한 사죄표현이 됩니다.

「この度の不手際につきましては、お詫びのしようもございません。이번 실수에 대해서는 사과 드릴 방법도 없습니다.」는 고객이나 거래처 사람에게 쓰는 사죄인사이므로 상사에 대해서는 못 쓰는 말입니다.

「全く私の不本意からで申し訳の余地はありません。모두 제가 본의 아니게 치른 실수이므로 변명의 여지도 없습니다.」는 자기가 한 실

수를 전면적으로 인정해서 사과할 때 씁니다.

「面目次第(めんぼくしだい)もありません。면목이 없습니다.」는 빚을 갚아야 하는 기일을 못 지키거나 자기를 믿어준 사람을 배신했을 때 씁니다.

「面目(めんぼく)ない。면목 없습니다.」는 창피해서 고개를 못 드겠다는 뜻입니다.

526 A1: 私(わたし)の不始末(ふしまつ)です。 제가 무심했습니다.

와타시노 후시마트 데스. .

527 A2: 私(わたし)の失敗(しっぱい)です。 제 실수입니다.

와타시노 십파이 데스.

528 A3: 私(わたし)の誤(あやま)りを認(みと)めます。 제 잘못을 인정합니다.

와타시노 아야마리오 미토메 마스.

529 A4: 私(わたし)の失策(しっさく)でした。 제 실책이였습니다.

와타시노 싯사크 데시타.

530 A5: 私(わたし)の不覚(ふかく)でした。 제 불찰이였습니다.

와타시노 후카크 데시타.

531 A6: 私(わたし)の過失(かしつ)です。 제 과실입니다.

와타시노 카시트 데스.

532 A7: 私(わたし)の手落(ておち)ちです。 제 실수입니다.

와타시노 테오치 데스.

533 A8: 私(わたし)が不用意(ふようい)でした。 제가 조심성 없었습니다.

와타시가 후요우이 데시타.

자기 실수를 인정해서 사죄할 때 첫 마디로 쓰는 말들입니다.

「私(わたくし)の不始末(ふしまつ)です。제가 무심했습니다.」는 일을 제대로 처리하지 않았던 책임을 인정하는 말입니다.

「私(わたし)の失敗(しっぱい)です。제 실수입니다.」「私(わたし)の誤(あやま)りを認(みと)めます。제 잘못을 인정합니다.」「私(わたし)の失策(しっさく)でした。제 실책이였습니다.」는 능력이 부족해서 치른 실수에 책임을 질 때 쓰는 말이며 셋 다 똑같이 쓰입니다.

「私(わたし)の不覚(ふかく)でした。제 불찰이였습니다.」는 실수의 정도가 비교적으로 가벼운 경우에 쓰는 사죄인사이므로 무심코 해버린 실수에 대해서 씁니다.

「私(わたし)の過失(かしつ)です。제 과실입니다.」「私(わたし)の手落(てお)ちです。제 실수입니다.」는 자기 부주의를 사죄할 때 쓰는 말이며 둘 다 똑같이 쓰입니다.

「私(わたし)が不用意(ふようい)でした。제가 조심성이 없었습니다.」는「私(わたし)の不覚(ふかく)でした。제 불찰이였습니다.」와 같은 뜻이며 무심코 해버린 실수를 사과할 때 쓰는 말입니다.

534 A1: 改(あらた)めて謝罪(しゃざい)のためにお伺(うかが)いさせて頂(いただ)きます。

아라타메테 샤자이노 타메니 오우카가이 사세테 이타다키 마스.

재차 사죄 드리러 오겠습니다.

535 A2: 言(い)い逃(のが)れるつもりは毛頭(もうとう)ございませんが。

이이노가레르 트모리와 모우토우 고자마센가.

발뺌할 생각은 조금도 없습니다만.

536 A3: あのう、実(じつ)は誠(まこと)に申(もう)し訳(わけ)ないことをしてしまいました。

아노우 지트와 마코토니 모우시와케 나이 코토오 시테 시마이 마시타.

저기, 실은 정말로 미안한
일을 해 버렸습니다.

537 A4: 私(わたし)どもの誠意(せいい)をお汲(く)み取(と)り願(ねが)います。

와타시 도모노 세이이오 오크미토리 네가이 마스.

저희들의 성의를 받아들여주십시오.

사정을 설명할 의사를 표명하면서 사죄를 할 때 쓰는 말입니다.

「改(あらた)めて謝罪(しゃざい)のためにお伺(うかが)いさせて頂(いただ)きます。재차 사죄 드리러 오겠습니다.」는 대책을 세우고 그것을 보고하면서 사죄하기 위해 후일에 다시 오겠다는 의사를 표명하는 말입니다.

「言(い)い逃(のが)れるつもりは毛頭(もうとう)ございませんが。발뺌할 생각은 조금도 없습니다만,」는 자기에게 책임이 있다는 것을 충분히 알기 때문에 책임은 지겠는데 자기 나름의 사정도 있었다고 설명하고 싶을 때 쓰는 말입니다.

「あのう、実(じつ)は誠(まこと)に申(もう)し訳(わけ)ないことをしてしまいました。저기, 사실은 정말 미안한 일을 해 버렸습니다.」는 처음에「あのう実(じつ)は・・・저기 사실은…」이라고 하면서 망설임을 표하는 것으로 마음 속의 갈등을

극복해서 사죄하러 왔다는 태도를 보여줄 수 있습니다.

「私(わたし)どもの誠意(せいい)をお汲(く)み取(と)り願(ねが)います。저희들의 성의를 받아들여 주십시오.」는 아직 상대방이 납득하지 않았어도 일단 사죄의 뜻으로 돈이나 물건으로 건넬 때 쓰는 말입니다.

538 A1:穴(あな)があったら入(はい)りたい気持(きも)ちです。

아나가 앗타라 하이리타이 키모치데스.

쥐구멍에라도 들어가고 싶은 마음입니다.

539 A2:この度(たび)の不始末(ふしまつ)につきましては何(なん)とも申(もう)し訳(わけ)ございません。

코노타비노 후시마트니 트키마시테와 난토모 모우시와케 고자이마센.

이번 실수에 대해서는 정말 죄송합니다.

540 A3:二度(にど)とこのようなことはしないと誓(ちか)います。勘弁(かんべん)してください。

니도토 코노요우나 코토와 시나이토 치카이마스. 칸벤시테 크다사이.

두 번 다시 이러한 일은 하지 않겠다고 맹세합니다. 용서해 주세요.

541 A4:皆(みな)さんにはご迷惑(めいわく)をおかけいたしました。

全(まった)く申(もう)し訳(わけ)ありません。

미나산니와 고메이와크오 오카케 이타시 마시타. 맛타크 모우시와케 아리마센.

여러분에게는 폐를 끼쳤습니다. 정말 죄송합니다.

542 A5:不手際(ふてぎわ)がありましたことをお詫(わ)びいたします。

후테기와가 아리마시타 코토오 오와비 이타시마스.

실수가 있던 점에 대해서 사과 드리겠습니다.

543 A6:遺憾(いかん)に思(おも)います。 유감스럽게 생각합니다.

이칸니 오모이마스.

544 A7:陳謝致(ちんしゃいた)します。 진사 하겠습니다.

진샤 이타시마스.

545 A8:ごもっともでございます。大変失礼(たいへんしつれい)いたしました。

고못토모데 고자이 마스. 타이헨 시트레이 이타시 마시타.

지당합니다. 대단히 실례가 많았습니다.

546 A9:ご足労(そくろう)をおかけしまして誠(まこと)に相済(あいす)みません。

고소크로우오 오카케 시마시테 마코토니 아이 스미마센.

수고스럽게 일부러 오시게 해서 정말로 죄송합니다.

547 A10:そそうを致(いた)しまして誠(まこと)に相済(あいす)みません。

소소우오 이타시 마시테 마코토니 아이 스미마센.

실수를 해서 정말로 정말로 죄송합니다.

자기의 실수나 상대방의 말을 전면적으로 인정해서 사죄할 때 쓰는 말입니다.

「穴(あな)があったら入(はい)りたい気持(きも)ちです。쥐구멍에라도 들어가고 싶은 마음입니다.」는 정말 창피하다라는 심정을 표명하는 사죄표현입니다.

「この度(たび)の不始末(ふしまつ)につきましては何(なん)とも申(もう)し訳(わけ)ございません。이번 실수에 대해서는 정말 죄송합니다.」는 납기를 못 지켰거나 불량품을 납품했을 경우 등에 쓰는 사죄표현입니다.

「二度(にど)とこのようなことはしないと誓(せい)います。勘弁(かんべん)してください。두 번 다시 이러한 일은 안하겠다고 맹세합니다. 용서해 주세요.」는 앞으로 같은 실수는 안하겠다고 상대방에 맹세해서 사죄할 때 쓰는 말입니다.

「皆(みな)さんにはご迷惑(めいわく)をおかけいたしました。全(まった)く申(もう)し訳(わけ)ありません。여러분에게는 폐를 끼쳤습니다. 정말 죄송합니다.」는 주위사람들에게 폐를 끼쳤을 때 쓰는 사죄의 말입니다.

「不手際(ふてぎわ)がありましたことをお詫(わ)びいたします。실수가 있던 점에 대해서 사과드리겠습니다.」는 방법이 틀린 부분에 대해서 사과하겠다는 뜻의 가벼운 사죄표현입니다.

「遺憾(いかん)に思(おも)います。유감스럽게 생각합니다.」는 유감스럽다는 말이지만 요새는 책임 소재를 애매하게 만들어버린다 라는 뉘앙스(nuance)를 가진 말로써 받아들여진답니다.

「陳謝致(ちんしゃいた)します。진사하겠습니다.」는「・・・について陳謝致(ちんしゃいた)します。…에 대해서 진사하겠습니다.」와 같이 이유를 말하면서 사죄할 필요가 있습니다. 비즈니스(business) 용어 중에서 최상급의 사죄표현이 됩니다.

「ごもっともでございます。大変失礼(たいへんしつれい)いたしました。지당합니다. 대단히 실례가 많았습니다.」는 고객에 말을 전면적으로 인정해서 사죄할 때 쓰는 말입니다.

「ご足労(そくろう)をおかけしまして誠(まこと)に相済(あいす)みません。수고스럽게 일부러 오시게 해서 정말로 죄송합니다.」는 판매한 상품이 불량품이거나 파손되어 있는 경우 고객이 반품하러 일부러 왔을 경우 등에 쓰이는 말입니다.

「そそうを致しまして誠に相済みません。실수를 해서 정말로 정말로 죄송합니다.」는 부주의로 인한 사소한 실수(과실)을 책망 받았을 때 쓰는 말입니다. 「そそう」는「不始末」보다 약간 정도가 가벼운 실수를 말합니다.

548 A1:言い過ぎでした。 말이 지나쳤습니다.

이이스기 데시타.

549 A2:軽はずみな発言だったと反省しています。

카르하즈미나 하트겐 닥타토 한세이 시테이마스.

경망스러운 발언이었다고 반성하고 있습니다.

550 A3:暴言でした。取り消します。

보우겐 데시타. 토리케시 마스.

폭언이었습니다. 취소하겠습니다.

551 A4: 私の失言でした。 제 실언이었습니다.

와타시노 시트겐 데시타.

말 실수를 사죄할 때 쓰는 말들입니다.

「言い過ぎでした。 말이 지나쳤습니다.」는 한마디 지나치거나 불필요한 말을 해버렸다는 것을 자기가 인정했을 때 쓰는 사죄표현입니다.

「軽はずみな発言だったと反省しています。경망스러운 발언이였다고 반성하고 있습니다.」는 자기의 무책임한 발언을 창피하다고 느꼈을 때 쓰는 말입니다. 「軽はずみな発言」는「失言」과거의 같은 뜻입니다.

「暴言でした、取り消します。 폭언이였습니다, 취소하겠습니다.」는 난폭한 말이나 근거없는 욕을 내뱉았을 때 그것을 사죄하는 말입니다.

「私の失言でした。제 실언이였습니다.」는 거기서 말할 필요 없는 말을 무심코 해 버렸을 때 그것을 사죄하는 말입니다.

552 A1: 私の不徳の致すところで誠に申し訳ございません。

와타시노 후토크노 이타스 토코로데 마코토니 모우시와케 고자이마센.

제 부덕의 소치에 정말로 죄송합니다.

553 A2: 至りませんで申しわけございませんでした。

이타리 마센데 모우시와케 고자이마센 데시타.

미흡해서 죄송합니다.

554 A3: さようでございますか。不行き届きで誠に申し訳ございません。

사요우데 고자이 마스카? 후유키 토도키데 마코토니 모우시와케 고자이마센.

그렇습니까? 소홀해서 정말로 죄송합니다.

555 A4: 平にお許しください。 부디 용서해 주세요.

히라니 오유르시 크다사이.

556 A5: ご親切にご注意頂きまして有難うございます。早速、係に申して改めさせます。

고신세트니 고츄우이 이타다키 마시테 아리가토우 고자이마스. 삿소크 카카리니 모우시테 아라타메 사세마스.

친절하게 주의해 주셔서 고맙습니다.
바로 담당자에게 말해서 고치겠습니다.

557 **A6:大変ご迷惑をおかけいたしまして、誠に相済みませんでした。**

타이헨 고메이와크오 오카케 이타시마시테 마코토니 아이스미마센 데시타.

매우 폐를 끼쳐서 정말로 죄송했습니다.

자기 집안사람이나 부하의 과실을 대신 사죄할 때 쓰는 말들입니다.

「**私の不徳の致すところで誠に申し訳ございません。**제 부덕의 소치에 정말 죄송합니다.」는 제가 덕이 없어서 부하나 집안 사람을 컨트롤(control) 못 했다는 점에 대한 사죄표현입니다.

「**至りませんで申しわけございませんでした。**미흡해서 죄송합니다.」는 부하가 사소한 실수에 눈치 못 챘을 때 상사가 말하는 말입니다.

「**さようでございますか。不行き届きで誠に申し訳ございません。**그렇습니까? 소홀해서 정말 죄송합니다.」는 부하의 실수를 고객에서 지적 받았을 때 사죄하는 표현입니다.

「**平にお許しください。**부디 용서해 주세요.」는 실수를 한 사람이 충분한 사죄를 드렸는데도 불구하고 고객이 계속 실수를 비난하는 경우에 쓰는 사죄표현입니다.

「**ご親切にご注意頂きまして有難うございます。早速、係に申して改めさせます。**친절하게 주의해 주셔서 감사합니다. 바로 담당자에게 말해서 고치겠습니다.」「**大変ご迷惑をおかけいたしまして、誠に相済みませんでした。** 매우 폐를 끼쳐서 정말 죄송합니다.」는 과실에 대해서 사죄한 후, 상대방도 납득해서 그 일이 낙착되었을 경우에 쓰는 말입니다.

27. 전화를 주고 받을 때 인사 말 (電話(でんわ)で交(か)わされる挨拶言葉(あいさつことば))

558 A1:もしもし。 여보세요.

모시모시.

559 A2:はい。 네.

하이.

560 A3:もしもし崔玉斗(ちぇおくと)です。 여보세요, 최 옥두입니다.

모시모시 최 옥두 데스.

561 A4:はい 玄 美那(ひょんみな)です。 네, 현 미나입니다.

하이 현 미나 데스.

562 A5:おはようございます。東洲(とんじゅ)ツアー(tour)です。

오하요우 고자이마스. 톤쥬트아 데스.

안녕하세요. 동주투어입니다.

563 A6:いつもお世話(せわ)になっております。平生 教 育院(へいせいきょういくいん)です。

이트모 오세와니 낫테 오리마스. 헤이세이 쿄우이크인 데스.

항상 신세를 지고 있습니다.
평생 교육원입니다.

564 A7:はい、韓国語講座(かんこくごこうざ)の東洲大学国際交 流(とんじゅだいがくこくさいこうりゅう)センターです。

하이, 칸코크고 코우자노 톤쥬 다이가크 코크사이 코우류우 센타데스.

네, 한국어 강좌 당담인 동주대학
국제 교류 센터입니다.

565

A8:まいど。 항상 신세를 지고 있습니다.

마이도.

전화를 받을 때 쓰는 인사말입니다.
「**もしもし。**여보세요.」는 개인적인 전화를 받을 때 즉 집전화나 개인 휴대폰을 받을 때 쓰며「**はい。**네.」「**もしもし。**여보세요.」라고만 해서 이름까지 말하지 않아도 됩니다.

예전에는「**もしもし関(せき)です。** 여보세요, 세키 입니다.」「**はい、関(せき)です。** 네, 세키 입니다.」라고 하면서 성까지 말했는데 요새는「**振(ふ)り込(こ)め詐(さ)欺(ぎ)**(관공서나 친척이라고 사칭해서 돈을 요구하는 사기)」나「**いたずら電話(でんわ)**(장난삼아 거는 전화)」가 급증해서 이름을 말하지 않는 사람들이 많아졌습니다.
하지만 회사에서 전화 받을 때는「**もしもし。**여보세요.」「**はい。**네.」라고만 해서 전화를 받지 않도록 합시다. 회사 직장에서는 Ａ５・Ａ６・Ａ７처럼 말합시다.

「**お早(はよ)うございます、東洲(とんじゅ)ツアー(tour)です。** 안녕하세요, 동주투어입니다.」는 아침 10시쯤까지 쓸 수 있는 말이며 10시를 지나면「**いつもお世話(せわ)になっております。釜山観光公社(ぷさんかんこうこうしゃ)です。** 항상 신세 지고 있습니다. 부산 관광공사입니다.」처럼 말하는 것이 좋겠지요.

「**はい、韓国語講座(かんこくごこうざ)の東洲大学国際交流(とんじゅだいがくこくさいこうりゅう)センター(center)です。**네, 한국어 강좌 담당 동주대학 국제교류센터입니다.」라고 하면서 캐치프레이

즈(catch phrase)를 붙여서 회사명을 말하는 회사도 있습니다.

「まいど」는「毎度お世話になっております。항상 신세 지고 있습니다.」라는 뜻이지만 칸사이(関西)계 회사에서는 해외지점에서도「まいど」를 쓸 수 있습니다.

566 A1:どなたさまでしょうか。 누구십니까?

도나타사마 데쇼우카?

567 A2:失礼ですがどちらさまでしょうか。

시트레이 데스가 도치라사마 데쇼우카?

실례합니다만 누구십니까?

568 A3:すみません。お名前が聞き取れなかったので、もう一言お願いします。

스미마센. 오나마에가 키키토레 나캇타노데 모우 히토코토 오네가이 시마스.

미안합니다. 성함을 못 알아 들었는데
다시 한번 말씀 해주시겠습니까.

569 A4:どちらさまに連絡すればよろしいでしょう。

도치라사마니 렌라크 스레바 요로시이 데쇼우?

어디로 연락드리면 되겠습니까?

570 A5:お名前をお伺いできますでしょうか。

나마에오 오우카가이 데키마스 데쇼우카?

성함을 여쭤봐도 됩니까?

571 A6:お名前は。 이름은?

오나마에와?

572 **A7: 私(わたし)、増田(ますだ)と申(もう)します。** 저는 마스다라고 합니다.

와타시 마스다토 모우시마스.

전화를 걸어온 사람의 이름을 물을 때 쓰는 말입니다.

일반적으로 「**どなたさまでしょうか。**누구십니까?」도 「**失礼(しつれい)ですがどちらさまでしょうか。**실례합니다만 누구십니까?」도 실례가 되는 말입니다. 하지만 상대방이 이름을 말하지 않은 경우에는 어쩔 수 없이 「**どなたさまでしょうか。**누구십니까?」「**失礼(しつれい)ですがどちらさまでしょうか。**실례합니다만 누구십니까?」라고 해서 이름을 묻고 상대방이 누구라고 하면 「**あっ、いつもお世話(せわ)になっております。**아, 늘 신세 지고 있습니다.」라고 하면 상대방 불쾌감도 풀립니다.
분명히 사적인 전화인데 「**どちらさまですか。**누구십니까?」라고 하는 것은 참 짓궂은 일이며 이 말을 들은 사람도 '일부러 남이 싫어하는 언행을 하는구나' 라고 생각할 것이니 자기 인격을 낮추고 싶지 않다면 말하지 않는 것이 좋겠습니다.

회사에 전화를 하면 전화 받은 사람이 「**失礼(しつれい)ですが・・・** 실례합니다만...」라고 하면서 말을 끊어버릴 경우가 있습니다.

이것은 「**失礼(しつれい)ですが、どちらさまでしょうか。**실례합니다만 누구십니까?」의 후반 부분을 생략한 말입니다. 단, 이름을 물어보기 그래서 애매한 표현을 쓰는 것은 알지만 이것도 불쾌감을 주는 말이 됩니다.

그래서 서로의 불편함을 줄이기 위해 전화를 하면 바로 「**東洲大学(とんじゅだいがく)の金(きむ)**

と申(もう)しますが。 동주대학의 김이라고 합니다만,」처럼 말하는 것이 좋겠습니다.

전화 걸어온 사람의 이름을 확인 안하고 어림짐작으로「えーと、小浜(おばま)さんでしたっけ。 아~ 오바마씨였나요?」라고 묻는 것은 정말 실례한 일이니 하지 맙시다.「すみません。お名前(なまえ)が聞(き)き取(と)れなかったので、もう一度(いちど)お願(ねが)いします。죄송합니다. 성함을 못 알아들었는데 다시 한번 말씀해 주시겠습니까?」라고 합시다.

「どちらさまに連絡(れんらく)すればよろしいでしょう。어디로 연락드리면 됩니까?」는 전화를 끊을 때 완곡적으로 이름을 묻는 말입니다. 그래서 이 말을 듣고 "그 전화번호로 연락주면 제가 바로 받겠습니다."라고 하는 것은 질문의 답이 안됩니다. 상대방은 당신의 이름을 묻고 있으니 똑바로 이름을 말해줘야 합니다.

「お名前(なまえ)をお伺(うかが)いできますでしょうか。 성함을 여쭤봐도 됩니까?」는 레스토랑이나 호텔에 예약을 할 때 담당자가 말하는 말이지만 반대로 당신이 그 쪽 담당자 이름을 물을 때도 쓸 수 있습니다.

가끔 호텔등에서「お名前(なまえ)を頂戴(ちょうだい)できますか。성함을 주시겠습니까?」라고 하면서 이름을 묻는 사람이 있는데 이것은 일본어로써 올바른 표현이 아닙니다.

「お名前(なまえ)を頂戴(ちょうだい)できますか。」는「Will you give me your name?」「Please give me your name.」와 같은 영어를 직역한 일본어이므로 정말 이상한 표현입니다.

그래서 저는「お名前(なまえ)を頂戴(ちょうだい)できますか。」라고 상대방이 물으면「一(ひと)つしかない名前(なまえ)ですから、差(さ)し上(あ)げられません。 하나밖에 없는 이름인데 줄 수는 없지요.」라고 대답합니다.

「お名前(なまえ)は。 성함은?」은 관청이나 경찰서에서 공무원들이 가끔 쓰는 정말 무례한 말이지만 너무 사무적인 말이라 열도 안 받는다고 합니다. 하지만 교양을 느낄 수 있는 말이 아니지요.

전화상에서 상대방이 이름을 묻지 않아도「私(わたし)、増田(ますだ)と申(もう)します。 저는 마스다라고 합니다.」라고 했을 경우, 이것도 당신의 이름을 완곡적으로 묻는 말이니 이름을 말해줘야 합니다.
여행사나 교통기관등에서 확인전화가 왔을 때 상대방이 마지막으로「私(わたし)、林(はやし)と申(もう)します。 저는 하야시라고 합니다.」라고 했을 때「あ、林(はやし)さんですか、どうもお世話(せわ)になっております。 아, 하야시씨입니까? 항상 신세 지고 있습니다.」와 같이 대답을 할 사람이 많지만 상대방은 당신의 이름을 묻고 있으니 특히 일본의 사무적인 전화에 익숙하지 않은 사람은 주의하실 필요가 있습니다.

573 A1:はい、お待(ま)ちください。 네, 잠시만요.

하이, 오마치 크다사이.

574 A2:はい、課長(かちょう)の林(はやし)でございますね。ただいま代(か)わります。

하이, 카쵸우노 하야시데 고자이마스네. 타다이마 카와리마스.

네, 하야시 과장님이세요.
바로 바꿔드리겠습니다.

575 A3: 少々お待ちください。担当の小浜と代わります。

쇼우쇼우 오마치 크다사이. 탄토우노 오바마토 카와리 마스.

잠시만 기다려 주세요.
담당자인 오바마를 바꿔드리겠습니다.

576 A4: 恐れ入りますが係りが違っておりますので、そのままお待ちください。ただ今、係へおつなぎ致します。

오소레 이리마스가 카카리가 치갓테 오리마스노데 소노마마 오마치 크다사이.
타다이마 카카리에 오트나기 이타시마스.

죄송합니다만 저는 담당자가 아닙니다.
기다려 주시면 바로 담당자를 바꿔 드리겠습니다.

577 A5: ただ今直ぐ参ります。 지금 바로 옵니다.

타다이마 스그 마이리마스.

다른 사람에게 전화를 바꿀 때 쓰는 말입니다.

집에서 개인적인 전화를 받았을 때는「はい、お待ちください。 네, 잠시만요.」라고 해서 전화를 바꾸면 됩니다.

「はい、課長の林でございますね。ただいま代わります。네, 하야시과장님이세요. 바로 바꿔드리겠습니다.」는 직장에서 전화를 바꿀 때 쓰는 말입니다.

「少々お待ちください、担当の小浜と代わります。잠시만 기다려 주세요. 담당자인 오바마를 바꿔드리겠습니다.」라고 해서 전화를 바꿀 때

는 상대방이 이야기해준 내용을 담당자에게 전해야 합니다. 안그러면 전화를 해준 사람은 아까 당신에게 말한 내용들을 다시 처음부터 해야 되기 때문이죠. 이렇게 안하는 사람은 전화를 받을 자격이 없습니다.

직장에서 담당자를 착각해서 전화가 온 경우에는 「**恐れ入りますが係りが違っておりますので、そのままお待ちください。ただ今、係へおつなぎ致します。**죄송합니다만 저는 담당자가 아닙니다. 기다려주시면 바로 담당자를 바꿔드리겠습니다.」라고 해서 다른 사람에게 연결해줍니다. 「**ただ今直ぐ参ります。** 지금 바로 옵니다.」는 전화를 걸어온 사람을 조금 오래 기다리게 하는 경우에 쓰는 말입니다.

578 A1:ただ今席を外しております。

타다이마 세키오 하즈시테 오리마스.

지금 자리를 비웠습니다.

579 A2:ほかの電話に出ております。

호카노 덴와니 데테 오리마스.

다른 전화를 받고 있습니다.

580 A3:出張しております。 출장 갔습니다.

슛쵸우 시테 오리마스.

581 A4:折り返しお電話させます。 전화하라고 전하겠습니다.

오리카에시 오덴와 사세마스.

582 A5:戻りましたらお電話するように伝えましょうか。

모도리 마시타라 오덴와 스르요우니 트타에 마쇼우카?

돌아오면 전화하라고 전할까요?

583 A6:お差支(さしつか)えなければ、私(わたし)がご用件(ようけん)を承(うけたまわ)っておきましょうか。

오사시트카에 나케레바 와타시가 고요우켄오 우케타마왓테 오키마쇼우카?

괜찮으시면 제가 용건을 받아 둘까요?

전화가 왔는데 당사자가 없을 경우에 쓰는 말입니다.

「ただ今席(いませき)を外(はず)しております。 지금 자리를 비웠습니다.」는 직장에서 당사자가 외출중이나 회의중에 전화가 왔을 때 쓰는 말입니다. 아직 출근 안했을 때나 식사하러 나갔을 때도 쓸 수 있습니다. 전화를 걸어 온 사람이 중요한 거래처 사람인 경우에는「会議中(かいぎちゅう)です。 회의중입니다.」「接客中(せっきゃくちゅう)です。 손님이 계십니다.」「来客中(らいきゃくちゅう)です。 손님이 계십니다.」라고 하는 것은 실례가 되므로 주의하셔야 합니다.

외출중인데 언제 들어오는지 알고 있다면「ただ今外出(いまがいしゅつ)しておりまして、~時(じ)には戻(もど)る予定(よてい)になっております。 지금 외출중입니다만 ~시쯤에 들어올 예정입니다.」라고 하면 친절하지요.

「ほかの電話(でんわ)に出(で)ております。 다른 전화를 받고 있습니다.」에 이어서「間(ま)もなく済(す)むと思(おも)いますが、お待(ま)ちいただけますでしょうか。それともこちらからおかけ直(なお)し致(いた)しましょうか。 곧 마칠 것 같은데 잠시만 기다려 주시겠습니까? 아니면 저희쪽에서 다시 전화해드리겠습니까?」

라고 하면 호감을 주게 됩니다.

「出張しております。출장 가셨습니다.」는 실제로 출장 가지 않아도 오랫동안 부재중일 때 쓸 수 있는 말입니다. 직장에서는 상대방이 어디로 갔냐고 물어도 자세히 이야기할 필요 없습니다. 말해도**「九州方面に。** 큐슈 지방요.」정도로 가볍게 대답합시다.

「折り返しお電話させます。 전화하라고 전하겠습니다.」는 자리를 비웠을 때나 전화를 받을 수 없을 때 쓰는 말입니다. 집에서 당사자가 아직 집에 안 들어왔을 경우에는**「まだ帰宅しておりませんので、戻り次第お電話するように伝えます。** 아직 집에 안 들어와서요. 들어오면 바로 전화하라고 전하겠습니다.」라고 하며 화장실에 가거나 전화를 못 받는 이유를 말하기 좀 곤란한 경우에는**「今ちょっと手が離せないので、折り返しお電話させます。** 지금 좀 바빠서 전화를 못 받습니다. 나중에 전화드리겠습니다.」라고 합니다.

「戻りましたらお電話するように伝えましょうか。 돌아오면 전화하라고 전하겠습니까?」라고 했을 때 상대방이**「いいえ結構です、また電話します。**아니요. 제가 다시 전화드리겠습니다.」라고 하면**「それでは、お電話があったことを伝えておきます。** 그럼 전화가 왔다고 전하겠습니다.」라고 하면 충분합니다.

「お差支(さしつか)えなければ、私(わたし)がご用件(ようけん)を承(うけたまわ)っておきましょうか。 실례가 되지 않는다면 제가 용건을 받아놓겠습니까?」는「よろしければ、私(わたし)が代(か)わってお話(はなし)を伺(うかが)いましょうか。 괜찮으시면 제가 이야기를 듣겠습니까?」라는 뜻 입니다.

「営業部長(えいぎょうぶちょう)の玄(ひょん)は席(せき)を外(はず)しております。営業部次長(えいぎょうぶじちょう)の金(きむ)と申(もう)しますが、お差支(さしつか)えなければ、私(わたくし)がご用件(ようけん)を承(うけたまわ)っておきましょうか。영업부장인 현부장님은 자리를 비웠습니다. 저는 영업부차장인 김이라고 하는데 괜찮으시다면 제가 용건을 받아놓겠습니까?」처럼 말합니다.

584 A1:はい、確(たし)かに。 네, 알겠습니다.

하이, 타시카니.

585

A2:はい、確(たし)かに承(うけたまわ)りました。 네, 잘 알겠습니다.

하이, 타시카니 우케타마와리 마시타.

586

A3:かしこまりました。帰(かえ)りましたら確(たし)かに申(もう)し伝(つた)えます。

카시코마리 마시타. 카에리 마시타라 타시카니 모우시 트타에마스.

잘 알겠습니다.
돌아오면 확실하게 전하겠습니다.

587

A4:念(ねん)のため復唱(ふくしょう)させていただきます。

넨노타메 후크쇼우 사세테 이타다키 마스.

확인을 위해 복창하겠습니다.

전언을 부탁 받았을 때 쓰는 말입니다.

「はい、<ruby>確<rt>たし</rt></ruby>かに。네, 알겠습니다.」는 친한 사이에서 쓰는 말입니다.

「はい、<ruby>確<rt>たし</rt></ruby>かに <ruby>承<rt>うけたまわ</rt></ruby> りました。네, 잘 알겠습니다.」는「わかりました。알겠습니다.」「いいですよ。괜찮습니다.」를 높인 말입니다. 일본어의 부드러움을느낄 수 있는 말입니다.

「かしこまりました。<ruby>帰<rt>かえ</rt></ruby>りましたら<ruby>確<rt>たし</rt></ruby>かに<ruby>申<rt>もう</rt></ruby>し<ruby>伝<rt>つた</rt></ruby>えます。잘 알겠습니다. 돌아오면 확실하게 전하겠습니다.」는「はい、<ruby>伝<rt>つた</rt></ruby>えておきます。네, 전하겠습니다.」를 정중하게 말하는 표현입니다. 전언을 들은 후「かしこまりました。<ruby>帰<rt>かえ</rt></ruby>りましたら<ruby>確<rt>たし</rt></ruby>かに<ruby>申<rt>もう</rt></ruby>し<ruby>伝<rt>つた</rt></ruby>えます。잘 알겠습니다. 돌아오면 확실하게 전하겠습니다.」라고 합니다.「<ruby>念<rt>ねん</rt></ruby>のため<ruby>復唱<rt>ふくしょう</rt></ruby>させていただきます。확인을 위해 복창하겠습니다」는「<ruby>繰<rt>く</rt></ruby>り<ruby>返<rt>かえ</rt></ruby>させていただきます。다시 한번 말하겠습니다.」를 높인 표현입니다. "날짜, 장소, 수량"이나 중요한 전언을 들었을 때는 복창해서 확인할 필요가 있습니다.

588 A1:お<ruby>電話<rt>でんわ</rt></ruby>どうも<ruby>有難<rt>ありがと</rt></ruby>うございました。

오덴와 도우모 아리가토우 고자이 마시타.

전화주셔서 감사합니다.

589

A2:どうも<ruby>有難<rt>ありがと</rt></ruby>うございました。では、ごめんください。

도우모 아리가토우 고자이마시타. 데와 고멘 크다사이.

정말 감사합니다.
그럼 실례하겠습니다.

590
A3: それじゃ失礼します。 그러면 실례하겠습니다.

소레쟈 시트레이 시마스.

591
A4: じゃ、また連絡します。 그러면 또 연락하겠습니다.

쟈, 마타 렌라크 시마스.

592
A5: そのうちにまた飲みましょう。 조만간에 한잔 합시다.

소노우치니 마타 노미마쇼우.

전화를 끊을 때 쓰는 말입니다.

「お電話どうも有難うございました。 전화주셔서 감사합니다.」는 일반적인 인사말이며 친구 전화를 끊을 때는「お電話ありがとう。전화줘서 고마워」「今日はどうも有難う。오늘은 정말 고마워」라고 하면 충분합니다. 회사에서는「どうも有難うございました。정말 감사합니다.」라고 말한 후에 끊기 직전에「では、ご免ください。그럼 실례하겠습니다.」라고 덧붙이면 정중한 표현이 됩니다.

동등한 상대에게는「それじゃ失礼します。그럼 실례하겠습니다.」「じゃ、また連絡します。그럼 다시 연락하겠습니다.」「そのうちにまた飲みま

しょう。조만간에 한 잔 합시다.」라고 하면서 전화를 끊으면 좋겠습니다.

593 A1:たびたび恐(おそ)れ入(い)りますが。

타비타비 오소레 이리마스가.

자꾸 전화드려서 죄송합니다만.

594 A2:奥様(おくさま)、おいででしたら、お電話口(でんわぐち)までお願(ねが)い致(いた)します。

오크사마 오이데 데시타라 오덴와그치마데 오네가이 이타시마스.

사모님 계시면 불러주시겠습니까?

595 A3:井関先生(いせきせんせい)、お戻(もど)りでしょうか。

이세키 센세이 오모도리 데쇼우카?

이세키 선생님은 돌아오셨습니까?

전화를 걸어서 다른 사람이 나왔을 때 자기가 통화하고 싶은 사람을 불러 달라고 부탁하는 말들입니다.

「たびたび恐(おそ)れ入りますが。 자주 전화드려서 죄송합니다만.」은 전번에 전화했을때 그 사람이 없어서 다른 사람이 받았을 경우, 다시 전화 걸을 때 말하는 말입니다. 하지만 전화받은 사람이 전번과 같은 사람이 아닌 경우에 쓰면 그 사람이 황당하시겠죠?

「奥様(おくさま)、おいででしたら、お電話口(でんわぐち)までお願(ねが)い致(いた)します。사모님이 계시면 불러 주시겠습니까?」는「奥(おく)さまいますか。 사모님은 계십니까?」보다 더 정중한 말입니다.

「井関先生(いせきせんせい)、お戻(もど)りでしょうか。 이세키 선생님은 돌아오셨습니까?」는

전번에 전화했을 때 부재중이였던 사람이 이번에는 있는지 확인하려고 할 때 쓰는 말입니다. 「井関先生(いせきせんせい)、おいででしょうか。」라고 해도 좋습니다.

596 A:今(いま)、お話(はな)ししていいでしょうか。

이마 오하나시 시테이이 데쇼우카?

지금 통화해도 됩니까?

일하고 있는 사람이나 손아랫사람에게 전화를 할 때 상대방이 「今忙しいので。지금 바빠서요」라고 말하기 곤란할 것 같은 경우에는 자기쪽으로부터 「今(いま)、お話(はな)ししていいでしょうか。지금 통화해도 됩니까?」라고 물으면 상대방도 마음이 편안해집니다.

597 A1:では、伝言(でんごん)をお願(ねが)いします。

데와 덴곤오 오네가이 시마스.

그럼 메모를 부탁합니다.

598 A2:伝言(でんごん)を伝(つた)えていただけますか。

덴곤오 트타에테 이타다케 마스카?

전언을 부탁해도 되겠습니까?

599 A2:メモ(memo)を残(のこ)して頂(いただ)けますか。

메모오 노코시테 이타다케 마스카?

메모를 남겨 주시겠습니까?

600 A3:呉(お)ですが、電話(でんわ)を頂(いただ)きたいとお伝(つた)えください。電話番号(でんわばんごう)

は、０８０の７０１３の３５９７です。

오데스가 덴와오 이타다키타이토 오트타에 크다사이. 덴와 반고우와 제로하치제로 노 나나제로이치산노 산고우큐우나나데스.

오인데 전화달라고 전해주세요. 전화 번호는 ０８０ - ７０１３ - ３５９７입니다.

601 A4:電話(でんわ)があったことだけをお伝(つた)えください。

덴와가 앗타 코토다케오 오트타에 크다사이.

전화가 왔었다고만 전해 주세요.

전화상에서 전언을 부탁할 때 쓰는 말입니다.

「では、伝言(でんごん)をお願(ねが)いします。그럼 메모를 부탁합니다」는「伝言(でんごん)を伝(つた)えていただけますか。전언을 부탁해도 되겠습니까?」「メモを残(のこ)して頂(いただ)けますか。메모를 남겨주시겠습니까?」라고 해도 괜찮습니다.

「呉(お)ですが電話(でんわ)を頂(いただ)きたいとお伝(つた)えください。電話番号(でんわばんごう)は、０８０の７０１３の３５９７です。오인데 전화달라고 전해주세요. 전화번호는 ０８０- ７０１３-３５９７입니다.」는 상대방이 자기 전화번호를 모를 경우에 쓰는 말이며 상대방이 자기 전화번호를 알고 있으면「電話(でんわ)があったことだけをお伝(つた)えください。전화가 왔었다고만 전해주세요.」라고 하면 됩니다.

602 A1:長(なが)くなりましたので、これで失礼(しつれい)します。

나가크 나리마시타 노데 코레데 시트레이 시마스.

통화를 오래했습니다. 이만 실례하겠습니다.

603 A2:あら、誰(だれ)か来(き)たみたい。　　　어머나 누가 온 것 같다.

아라 다레카 키타미타이.

604 A3:ちょっとお待(ま)ちください。すみません、電話(でんわ)が入(はい)ったようなので。

춋토 오마치 크다사이.　스미마센, 덴와가 하잇타 요우나노데.

잠시만 기다려 주세요. 죄송합니다만
전화가 온 것 같습니다.

605 A4:国際電話(こくさいでんわ)でしょう。電話代(でんわだい)が高(たか)くなっちゃうわよ。

코크사이 덴와 데쇼우. 덴와다이가 타카크 낫차우와요.

국제전화지요.
전화비가 비싸지겠어요.

오래 통화를 했을 때 전화를 끊을 계기를 만들어주는 말들입니다.

「長(なが)くなりましたので、これで失礼(しつれい)します。 통화를 오래했습니다. 이제 실례하겠습니다.」는 무뚝뚝한 말로 들릴 수 있지만 오히려 격조 높은 인사말입니다.

「あら、誰(だれ)か来(き)たみたい。 어머나 누가 온 것 같다.」는 집에서 상대방의 긴 전화를 끊고 싶은 경우에 쓰이는 말입니다.
아무도 오지 않았어도 아이들에게 시켜서 현관의 초인종을 울리게 하는 것도 효과적이지요.

「ちょっとお待(ま)ちください。 すみません、電話(でんわ)が入(はい)ったようなので。 잠시만 기다려 주세요. 죄송합니다만 전화가 온 것 같습니다.」는「あら、誰(だれ)か来(き)たみたい。 어머나 누가 온 것 같다.」와 같이 긴 전화를

끊는 계기를 스스로 연출하는 말입니다.

「ちょっとお待ちください。 잠시만 기다려 주세요.」라고 해서 이야기를 중단한 후, 조금 이따가「すみません、電話が入っているようなので又ゆっくり。 미안해요, 전화가 온 것 같아서 다음에 또.」라고 하며 전화를 끊습니다.

「国際電話でしょう。電話代が高くなっちゃうわよ。 국제전화지요. 전화비가 비싸지겠어요.」는 상대방에서 걸려온 전화에 대한 여자들이 쓰는 말입니다. 상대방이 이렇게 말했는데「あ、いいんだよ、電話代なんて。 아, 괜찮아요. 전화비 같은 것은.」와 같이 말하는 둔한 인간에게는 바르는 약도 없습니다.

606 **A:おそれいりますが、電話が遠くて聞き取れませんので、もう一度お願い致します。**

오소레 이리마스가 덴와가 토오크테 키키토레 마센노데 모우이치도 오네가이 이타시마스.

죄송합니다만 전화가
멀어서 잘 안 들립니다.
한번 더 부탁드립니다.

전화소리가 잘 안 들렸을 때 쓰는 말입니다.

「声が小さいです。소리가 작습니다. 」「聞こえないんですけど。잘

안 들리거든요.」라고 하면 실례가 되므로 주의해 주세요.

607 A1:わたくし釜山(ぷさん)の黄(ふぁん)ですが。

와타크시 프산노 황데스가.

저는 부산의 황인데요.

608 A2:お電話(でんわ)をお待(ま)ちしております。こちらの連絡先(れんらくさき)は、０９４０の４３の３３６７です。よろしくお願(ねが)いします。

오덴와오 오마치시테 오리마스. 코치라노 렌라크사키와 ０９４０노 ４３노 ３３６７ 데스. 요로시크 오네가이 시마스.

연락 기다리겠습니다.
전화번호는 0940-43-3367 입니다.
부탁 드리겠습니다.

부재중 전화에 음성메시지를 남길 때 쓰는 말입니다만 이때 용건만 말하고 이름을 깜빡할 경우가 많기 때문에 주의하셔야 합니다.

메시지를 남길 때는「**私、釜山(ぷさん)の黄(ふぁん)ですが。**저는 부산의 황입니다만.」라고 먼저 말해서 용건을 말합시다. 용건을 다 말하면「**お電話(でんわ)をお待(ま)ちしております。こちらの連絡先(れんらくさき)は、０９４０の４３の３３６７です。よろしくお願(ねが)いします。**전화를 기다리겠습니다. 전화번호는０９４０-４３-３３６７입니다. 잘 부탁드립니다.」처럼 상대방이 어디로 연락하면 될 지 말해 둡시다.

28. 프랑스 요리점에서의 말 (フランス料理店(りょうりてん)での言葉(ことば))

609 A1: 先日(せんじつ)予約(よやく)した小浜(おばま)です。

센지트 요야크시타 오바마데스.

얼마 전에 예약한 오바마입니다.

610 A2: 二人(ふたり)なのですが。

두 사람인데요.

후타리 나노데스가.

611 A3: 私(わたし)の名前(なまえ)で予約(よやく)しています。

와타시노 나마에데 요야크 시테이마스.

제 이름으로 예약했습니다.

612 A4: 静(しず)かな席(せき)をお願(ねが)いします。

시즈카나 세키오 오네가이 시마스.

조용한 자리를 부탁합니다.

613 A5: できれば窓際(まどぎわ)の席(せき)をお願(ねが)いします。

데키레바 마도기와노 세키오 오네가이 시마스.

될 수 있으면 창가쪽 자리를 부탁합니다.

614 A6: ワインリスト(wine list)を見(み)せてください。

와인 리스토오 미세테 크다사이.

와인 리스트를 보여 주세요.

615
A7:この料理(りょうり)に合(あ)ったワイン(wine)をハーフボトル(half bottle)で。

코노 료우리니 앗타 와인오 하우후 보토르데.

이 요리에 맞는 와인을
하프 보틀로 주세요.

616
A9:ハウスワイン(house wine)をください。

하우스 와인오 크다사이.

하우스 와인을 주세요.

617
A10:この店(みせ)のおすすめ料理(りょうり)は何(なん)ですか。

코노 미세노 오스스메 료우리와 난데스카?

이 가게의 추천 요리는 무엇입니까?

618
A9:お昼(ひる)のコース(course)はありますか。

오히르노 코우스와 아리마스카?

점심코스는 있습니까?

619
A11:メニュー(menu)を見(み)せてください。

메뉴우오 미세테 크다사이.

메뉴판을 보여 주세요.

620
A12:今日(きょう)のおすすめ料理(りょうり)は何(なん)ですか。

쿄우노 오스스메 료우리와 난데스카?

오늘의 추천 요리는 무엇입니까?

621
A13:お勘定(かんじょう)を。 계산해 주세요.

오칸죠오.

프랑스요리 레스토랑(France restaurant)에서 사용되는 말들입니다. 일본에서는 대중 식당이나 포장마차 등을 제외하고 가능한 한 예약을 해놓는 것이 기분 좋게 식사를 하기 위한 요령이라고 할 수 있습니다. 비록 선술집이라고 해도 예약은 하도록 합시다.

가게에 들어가면 「**先日予約した小浜です。** 얼마전에 예약한 오바마입니다.」와 같이 이름을 말합시다.

직원이 「**お待ち致していしておりました。こちらへどうぞ。** 기다리고 있었습니다. 이쪽으로 오십시오.」라고 예약석에 안내해 줍니다.

만약 예약을 안 했을 경우에는 「**二人なのですが。** 두 명인데요.」라고 해서 입구에서 기다리고 있으면 안내 담당자가 당신의 차림새를 살핀 후 자리가 비어 있으면 안내해 주겠지요.
당신의 옷차림이 가게 분위기에 맞지 않아 바람직하지 못한 경우에는 입점을 거절 당할 수 있으므로 차림새에는 신경 쓰셔야 합니다.

레스토랑(restaurant)에 도착하면 먼저 「**私の名前で予約しています。** 제 이름으로 예약했습니다.」라고 점원에게 말하면 나중에 계산서를 자신에게 건네 줍니다.
자신이 연상의 손님을 초대하거나 여성이 남성에게 대접을 할 경우에는 이렇게 말합니다.
자리는 갸르송(garcon· 보이)이 안내해 줍니다만 원하는 자리가 있으면 「**静かな席をお願いします。** 조용한 자리를 부탁합니다.」「**できれば窓際の席をお願いします。** 될 수 있으면 창문쪽의 자리를 부탁합니다.」라고 전하면 좋겠습니다. 예약 시에 원하는 자리를 같이 말하면 확실합니다.

자리에 앉아 바로 점원이 「**アペリティフ (aperitif·食前酒)になにか。** Aperitif(식전술)에 무엇을 드시겠습니까?」「무엇인가 마실 것을 드릴까요?」라고 했을 때 커피(coffee)나 쥬스(juice)라고 대답해서는 안 됩니다.

식전술(aperitif)에 큐라소(curacao·리큐어의 일종)나 sherry(스페인산 흰색 포도주)를 부탁하고 싶다면 그렇게 말하면 됩니다만 특별히 마시고 싶은 것이 없는 경우에는 「**ワインリスト(wine list)を見せてください。** 와인 리스트(winelist)를 보여 주세요.」라고 해서 와인으로 식전술(aperitif)를 대신할 수 있습니다.

와인(wine)도 안 마실 경우에는 「**いいえ結構です。** 아니요 됐습니다.」「**ミネラルウォーター(mineral water)を。** 미네랄 워터(mineral water)를 주세요.」라고 하면 좋을 것입니다.

술이 세지 않은 커플(couple)이 와인(wine)을 주문하는 경우에는 하프 보틀(half bottle) 1병이나 글래스 와인(glass wine)을 시켜도 충분합니다.

추천 요리를 시킬 때는 와인(wine)도 가게가 추천하는 걸로 합시다.

「**この料理に合ったワイン(wine)をハーフボトル(グラス・glass)でお願いします。** 이 요리에 맞는 와인(wine)을 하프 보틀(글래스 · glass)로 주세요.」라고 합니다.

맛 좋은 요리를 푸짐하게 시켰을 경우에는 와인 선택에도 많은 신경을 써야 합니다만 예산안으로 즐기고 싶다면 「**ハウスワイン(house wine)をください。** 하우스 와인(house wine)을 주세요.」라고 해서 하우스 와인(house wine)으로 해 두는 것이 좋겠지요.

일반적으로 고기 요리에는 빨강색, 생선 요리에는 흰색 하우스 와인(house wine)을 시키는 것이 요리 맛에 맞는 좋은 선택이라고 합니다.

정식을 시키고 싶은 경우 보통 메뉴(menu)에 점심 정식도 쓰여져 있습니다만 벽의 칠판에 쓰여져 있거나 테이블(table) 위의 메뉴(menu)에 쓰여져 있는 가게도 있으니 「お昼(ひる)のコース(course)はありますか。 점심 코스(course)는 있습니까?」라고 물으면 가르쳐 줄 것입니다.
요리를 주문할 때 코스(course)요리가 아닌 아라카르트(a la carte·일품요리)를 시킬 경우에는 「メニュー(menu)を見(み)せてください。 메뉴판을 보여 주세요.」라고 합니다.
다만 프랑스(France)본국에서 메뉴(menu)라고 하면 정식을 뜻하는 말이 되므로 주의하실 필요가 있습니다.

무엇을 주문해야 될지 고민할 때는 「今日(きょう)のおすすめ料理(りょうり)は何(なん)ですか。 오늘의 추천 요리는 무엇입니까?」「この店(みせ)のおすすめ料理(りょうり)は何(なん)ですか。 이 가게의 추천 요리는 무엇입니까?」「シェフ(chef)のおすすめ料理(りょうり)は何(なん)ですか。 요리장이 추천하는 요리는 무엇입니까?」라고 하면 무난하게 식사하실 수 있을 것입니다.
계산은 계산서를 테이블(table)에 가져오는 가게도 있고 또한 계산대에서 하는 가게도 있습니다.

당신이 식사를 한 가게가 어느 쪽이라고 해도 「お勘定(かんじょう)を。 계산을 해주세요.」라고 하면 계산서를 가져오든지 아니면 「あちらのレジ(register)でお願(ねが)いします。 저쪽 계산대에서 부탁드리겠습니다.」라고 말해줄 겁니다.

「お勘定(かんじょう)を。 계산을 해주세요.」 한마디로 식사를 다 하고난 후 일어셨을 때「お客様(きゃくさま)、お勘定(かんじょう)はこちらで。 손님! 계산은 이쪽에서.」라고 하면서 보이(boy)가 쫓아오는 보기 흉한 사태를 피할 수 있습니다.

622 A1 : お座敷(ざしき)はありませんか。 다다미방은 없습니까?

오자시키와 아리마센카?

623 A2 : お部屋(へや)はありませんか。 빈 방은 없습니까?

오헤야와 아리마센카?

624 A3 : これはどんな料理(りょうり)ですか。 이것은 어떤 요리입니까?

코레와 돈나 료우리 데스카?

625 A4 : 今日(きょう)は何(なに)か入(はい)っているの。

교우와 나니카 하잇테 이르노?

오늘은 어떤 술안주가 있나요?

626 A5 : 地酒(ぢざけ)はありますか。 토산술은 있습니까?

지자케와 아리마스카?

627 A6 : 熱燗(あつかん)でお願(ねが)いします。 술 좀 데워주세요.

아트칸데 오네가이 시마스.

628 A7 : ひとついきましょうか。 한 잔 할까요?

히토트 이키마쇼우카?

629 A8 : 一杯(いっぱい)いかがですか。 한 잔 어떻습니까?

입파이 이카가 데스카?

630 A9:少(すこ)し熱(あつ)くしてもらうかな。 조금 데워줘.

스코시 아트크시테 모라우카나.

631 A10:もう少(すこ)ししてからお願(ねが)いします。

모우 스코시 시테카라 오네가이 시마스.

좀 이따가 부탁할게요.

632 A11:持(も)ち帰(かえ)ることはできますか。 집에 싸가도 됩니까?

모치 카에르 코토와 데키마스카?

633 A12:サイン(sign)でいいですか。 사인하면 됩니까?

사인데 이이데스카?

일식 요리점, 선술집등에서 사용되는 말입니다. 선술집이나 일식 요리점에 가면 예약해 놓지 않아도 다다미를 깐 방이 비어 있는 경우가 있기 때문에 방이 필요할 경우에는「お座敷(ざしき)はありませんか。다다미 방은 없습니까?」라고 물어 봅시다.

중화 요리점에 몇사람 같이 갔을 경우에는 작은 방이 있는 경우가 있기 때문에「お部屋(へや)はありませんか。 방은 없습니까?」라고 묻는 것도 좋습니다.

기타 여러 나라 요리점에 갔을 경우 메뉴판에 적혀 있는 이름만으로는 어떤 요리인지 상상조차 할 수 없는 요리들이 있기 마련입니다. 이럴 때「これはどんな料理(りょうり)ですか。 이것은 어떤 요리입니까?」라고 거침없이 물어보세요.

또 일본의 선술집에 가면 메뉴를 본 것 만으로는 국적 불명의 요리가

많이 있기 때문에 「**これはどんな料理(りょうり)ですか。** 이것은 어떤 요리입니까?」라고 묻고 나서 주문하는 것이 좋을 것입니다.

일본식 술집에서 안주를 부탁할 때 「**今日(きょう)は何(なに)か入(はい)っているの。** 오늘은 어떤 술안주가 있습니까?」라고 물으면 「**関(せき)アジが入っております。** 오오이타 산의 전갱이가 있습니다.」「**地蛸(ぢたこ)が美味(おい)しいですよ。** 여기서 잡은 낙지가 맛있어요.」와 같이 그날의 추천메뉴를 가르쳐 줄 것이니 가격을 확인해서 「**じゃ、関(せき)アジを二人前(ふたりまえ)作(つく)って。** 그러면 전갱이를 2 인분 주세요.」와 같이 주문합시다.

지방의 요리점이나 선술집에서는 그 지방 특산의 토산술을 두고 있는 가게가 있으니 마시고 싶다면 「**地酒(じざけ)はありますか。** 토산술은 있습니까?」라고 물어 봅시다.

일본술은 「**冷酒(れいしゅ)・冷(ひ)や・熱燗(あつかん)・ぬる燗(かん)** = 찬 술・실온 술・뜨거운 술・따뜻한 술」처럼 마시는 방법이 다르기 때문에 「**冷酒(れいしゅ)をお願(ねが)いします。** 찬 술로 부탁합니다.」처럼 말해서 주문합니다.

찬 술은 냉장고에서 차게 한 것, 실온 술은 실온에서 보관해서 바로 나오는 술, 뜨거운 술은 뜨겁게 데운 것, 따뜻한 술은 36 도 전후의 체온과 비슷한 온도로 데운 술입니다.

일반적으로 「좋은 술」이라고 여겨지는 술은 뜨겁게 마시지 않습니다.

가게에서 알게 된 사람과 의기 투합해서 술을 함께 마시고 싶은 때는 「**ひとついきましょうか。** 한 잔 할까요?」「**一杯(いっぱい)いかがですか。** 한 잔

어떻습니까?」라고 말해서 권유합니다.

초밥집에 가서 일본술을 시킬 때 데운 술을 마시고 싶은 경우에 「**少し熱くしてもらうかな。** 조금 데워줘.」라고 하면 세련된 느낌을 줄 수 있습니다. 여성은 「**少し熱くしてもらいましょうか。** 조금 데워주세요.」라고 합니다.

일식집에서 코스 요리를 시켰을 때는 술을 마시면서 하나씩 나오는 요리를 즐기는데 마지막에 점원이 「**そろそろ御飯をお持ちしましょうか。** 이제 밥을 가져올까요?」라고 묻기 때문에 먹고 싶으면 「**お願いします。** 부탁합니다.」, 아직 술을 더 마시고 싶다면 「**もう少ししてからお願いします。** 좀 이따가 부탁합니다.」라고 합니다.

요리를 많이 주문해서 다 먹지 못하고 남겼을 경우에는 가게에 따라 다르지만 팩이나 봉투에 담아 주기 때문에 「**持ち帰ることはできますか。** 집에 싸가도 됩니까?」라고 물어 봅시다.

영어로 Doggy bag 라고 말합니다만 일본에서는 「**かぶり**＝ 싸가는 것」라고 부릅니다.

「**かぶりに出来ますか。** 싸가는 것으로 해도 되나요?」라고 해도 같은 의미입니다.

자기가 숙박하는 호텔이나 전통여관 안에 있는 레스토랑등에서 식사를 할 경우에는 그 자리에서 식사 값을 지불하지 않고 체크아웃 할 때 다 같이 계산 하면 될 경우가 대부분입니다. 그럴 때는 전표에 사인이나

룸 넘버를 쓰면 되기 때문에 「サイン(sign)でいいですか。 사인하면 됩니까?」라고 해 봅시다.
경우에 따라 열쇠로 룸 넘버를 확인하는 곳도 있습니다.

634 A1: レア(rare)にしてください。

레아니 시테크다사이.

레어로 해 주세요.

635 A2: ミディアム(medium)にしてください。

미디암니 시테크다사이.

미디엄으로 해 주세요.

636 A3: ウェルダン(well-done)にしてください。

웨르단니 시테 크다사이.

웰던으로 해 주세요.

레스토랑(restaurant)에서 스테이크(steak) 익히는 방법을 말할 때 쓰는 말입니다.
레어(rare)는 표면만 구워진 상태이며 미디엄(medium)은 중간 상태, 레어와 미디엄의 중간은 미디엄·레어(medium-rare)라고 합니다.
웰던 (well -done)은 잘 구워진 스테이크(steak)입니다.

29. 화해할 때 쓰는 말 (仲直(なかなお)りの言葉(ことば))

637 A1:ちょっと言(い)いすぎだったかもしれません。もし、そうだったら謝(あやま)ります。

첫토 이이스기 닥타카모 시레마센. 모시 소우닥타라 아야마리 마스.

말이 좀 심했던 것 같습니다.
그렇다면 사과합니다.

638 A2:ちょっとした言葉(ことば)の行(い)き違(ちが)いでお互(たが)い感情的(かんじょうてき)になりすぎたようです。もう一度(いちど)話(はな)しあってみませんか。

첫토시타 코토바노 이키치가이데 오타가이 칸죠우테키니 나리스기타 요우데스.
모우이치도 하나시앗테 미마센카?

말이 좀 엇갈려서 서로가 너무 감정적으로
행동한 것 같습니다.
우리 다시 한번 이야기해 보지 않겠습니까?

639 A3:今(いま)はお互(たが)いに気持(きも)ちが高(たか)ぶっているから、またあとで冷静(れいせい)になったら話(はな)し合(あ)いませんか。

이마와 오타가이니 키모치가 타카붓테 이르카라 마타 아토데 레이세이니 낫타라
하나시아이 마센카?

지금은 서로 흥분상태가 되어 있기 때문에
나중에 흥분을 가라앉히고 다시 이야기하지
않겠습니까?

640 A4:ただあなたと同(おな)じように私(わたし)には私(わたし)の立場(たちば)というものがありまして。

타다 아나타토 오나지요우니 와타시니와 와타시노 타치바토 이우모노가 아리마시테.

하지만 당신과 마찬가지로 나에게도 내 입장이라는 것이 있어서요.

641 A5: 私(わたし)もあなたの立場(たちば)だったら、やっぱりそう言(い)うと思(おも)います。

와타시모 아나타노 타치바 닥타라 얍파리 소우유우토 오모이마스.

내가 당신이였으면 나도 역시 그렇게 말할 것 같습니다.

642 A6:あなたが仰(おっしゃ)ったことは間違(まちが)ってないと思(おも)います。

아나타가 옷상타 코트와 마치갓테나이토 오모이마스.

당신이 한 말도 틀린 말이 아니라고 생각합니다.

의견의 불일치로 트러블(trouble)이 생겼을 때 그 자리를 진정시키는 말입니다.
어떤 사람이라도 자신의 잘못을 솔직하게 인정할 때는 용기가 필요합니다. 자신의 의견이 맞다고 믿고 있으면 더 그렇겠지요.

거기서「ちょっと言(い)いすぎだったかもしれません。もし、そうだったら謝(あやま)ります。 말이 좀 심했던 것 같습니다. 혹시 그렇다면 사과합니다.」

처럼「かもしれない。~것 같다.」며「仮定(かてい)·가정」으로 이야기를 하면 자기의 잘못을 사과할 때 느끼는 굴욕도 별로 느끼지 않을 것입니다.
화해를 요구하는 전제로 이야기를 할 때 생각해둬야 하는 중요한 점

은 「상대방에게 사죄의 말을 요구해선 안 된다」는 것입니다. 「ちょっとした言葉の行き違いでお互い感情的になりすぎたようです。 もう一度話しあってみませんか。말이 좀 엇갈려서 우리 서로 너무 감정적으로 행동한 것 같습니다. 다시 한번 이야기해 보지 않겠습니까.」라고 한 발 물러선 자세를 보여주면 상대방도「ごめんなさい。미안해요.」라고 하지 않아도 되므로 오히려 상대방도 트러블(trouble)을 진정시키려고 할 것입니다.

대립한 관계를 완화시키려면 시간을 두는 것이 제일 좋은 방법입니다. 거의 대부분의 대립관계라는 것은 서로가 감정적으로 행동하기 때문에 생기는 경우가 많으니 그럴 때는「今はお互いに気持ちが高ぶっているから、またあとで冷静になったら話し合いませんか。지금은 서로 흥분상태가 되어 있기 때문에 나중에 흥분을 가라앉히고 다시 이야기하지 않겠습니까?」라고 해서 하룻밤 시간을 두고 대립의 원인을 냉정하게 생각해보는 자세가 중요하다고 저는 생각합니다.

「ただあなたと同じように私には私の立場というものがありまして。단, 당신과 마찬가지로 나에게도 내 입장이라는 것이 있어서요.」는 마음속 진심과 표면상의 원칙을 나누어서 생각해서 개인의 입장에서 화해하려는 말입니다.

「私もあなたの立場だったら、やっぱりそう言うと思います。내가 당신이였으면 나도 역시 그렇게 말할 것 같습니다.」라고 해서 회사나 상사의 의향을 떠맡고 있는 동료의 마음을 이해하겠다는 모습을 보여주는 것과 동시에 같은 입장에 있는 자신의 괴로움을 상대방에게 호소하는 말이기도 합니다.

업무상에서 대립이 생겼을 때에는「あなたが仰(おっしゃ)ったことは間違(まちが)ってないと思(おも)います。 당신이 한 말도 틀린 말이 아니라고 생각합니다.」라고 해서 상대방에게 양보해 해결의 실마리를 찾아내는 것이 현명합니다.
대체로 트러블(trouble)이 생겼을 경우에는 상대방의 잘못을 비판하는 사람들이 더 많을 듯 합니다만「비난이나 부정에서는 아무것도 태어나지 않는다」라는 말을 가슴 속 깊이 새겨보시면 어떨까요?

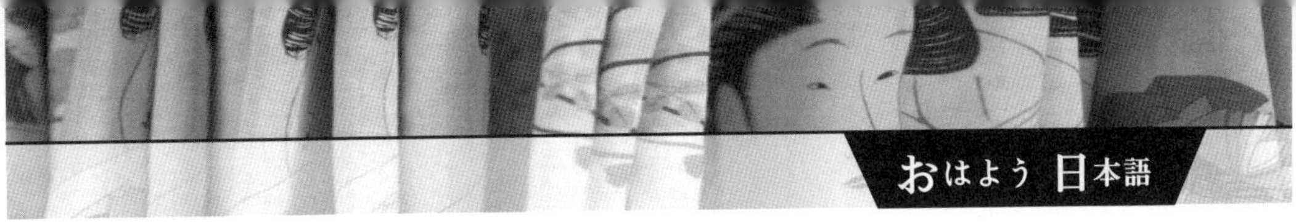

30. 위로의 말 (慰めの言葉)

643 A1:何か心配ごとでもあるの。

나니카 신파이 고토데모 아르노?

무엇인가 걱정거리라도 있는 거야?

644 A2:私では大して役に立たないかもしれないが、よかったら話してみない。

와타시데와 타이시테 야크니 타타나이카모 시레나이가 요캇타라 하나시테 미나이?

그다지 도움이 되지 않을 수도 있겠지만
괜찮다면 나에게 이야기해 보지 않을래?

645 A3:何くよくよしてるの。私に話してみなさいよ。

나니 크요크요 시테이르노? 와타시니 하나시테 미나사이요.

왜 그리 끙끙 앓고 있어?
나에게 이야기해봐.

646 A4:同じじゃないけど、ぼくにも似たような経験があるよ。

오나지쟈 나이케도 보크니모 니타요우나 케이켄가 아르요.

똑같은 일이 아니지만
나도 비슷한 경험이 있어.

647 A5:大丈夫、心配するな。 괜찮아 걱정하지 말아라.

다이죠우브 신파이 스르나.

648 A6:何(なに)を言(い)ってもいいんだよ。秘密(ひみつ)は守(まも)るから。

나니오 잇테모 이인다요. 히미트와 마모르카라.

다 말을 해도 괜찮아.
비밀은 지켜줄게.

649 A7:そうでしたか。もしぼくが君(きみ)の立場(たちば)だったら、やっぱり君(きみ)と同(おな)じように考(かんが)えると思(おも)いますね。

소우데시타카. 모시 보크가 키미노 타치바 닥타라 얍파리 키미토 오나지 요우니 칸가에르토 오모이마스네.

그랬어요? 만약 내가 당신이였어도 역시
당신이랑 같은 생각을 했을 겁니다.

고민하고 있는 사람에게 상담을 해 줄 때 쓰는 말들입니다.

고민거리를 이야기하기 어려워하는 사람에게는「何(なに)か心配(しんぱい)ごとでもあるの。무엇인가 걱정거리라도 있는 거야?」라고 자기가 먼저 말을 걸어주는 것이 부부나 상사-부하, 선배-후배, 동료, 친구사이에서 좋은 관계를 맺는 방법이 아닐까요?

고민을 들어 줄 때는「私(わたし)では大(たい)して役(やく)に立(た)たないかもしれないが、よかったら話(はな)してみない。그다지 도움이 되지 않을 수도 있겠지만 괜찮다면 나에게 이야기해보지 않을래?」라고 겸손한 태도로 임하지 않으면 상대방의 본심은 들어줄 수 없습니다.
친구, 동료라서 좋은 점은 털어놓고 이야기를 할 수 있다는 점입니다.

「何(なに)くよくよしてるの。私(わたし)に話(はな)してみなさいよ。왜 그래 끙끙 앓고 있어.

나에게 이야기해봐.」라고 털어놓고 말하면 사이가 더 가까워지고 상대방은 당신을 든든하고 기댈 수 있는 존재라고 생각할 것입니다.

고민이 있는 경우「**同じじゃないけど、ぼくにも似たような経験があるよ。** 똑같은 일이 아니지만 나도 비슷한 경험이 있어.」라고 자신도 비슷한 일로 고민한 적이 있었다는 것을 강조하면 상대방의 마음도 가벼워집니다.

하지만 여기서「**みんな同じだよ。** 모두 똑같다.」라고 해버리면 고민하고 있는 사람은 왠지 반발감을 느끼게 되므로 주의하셔야 합니다.

업무상의 실수로 부하가 고민하고 있을 때 상사가 침착한 태도로 「**大丈夫、心配するな。** 괜찮아 걱정하지 말아라.」라고 말 걸어주면 부하는 그만큼 기분이 가벼워질 것입니다.
고민을 이야기하고 있는 도중에 그 사람이 말하기 어려워하거나 뭔가 망설이고 있을 때는「**何を言ってもいいんだよ。秘密は守るから。** 다 말을 해도 괜찮아. 비밀은 지켜줄게.」라고 부드럽고 정중한 말투로 안심시키는 것도 중요합니다.
고민을 들어 줄 때는 상대방의 입장에 서서 「**そうでしたか。もしぼくが君の立場だったら、やっぱり君と同じように考えると思いますね。** 그랬습니까? 만약 내가 너였더라도 역시 너와 똑같은 생각을 했을 것 같다.」라고 말해 주면 상대방도 말하기 쉬워집니다.

후서

말은 말하는 사람의 품격과 생활 태도를 결정하고 인생마저 결정하는 것이 아닐까요?

그래서 부처님도 예수그리스도도 이렇게 말한것 같습니다.

「먼저 말이 있다」

품위있고 품격이 있는 사람의 말씨는 품격 높은 행동과 일치합니다.

난폭하고 품위 떨어진 행동은 절대 안 합니다.

지적인 회화는 지적인 생활 그 자체이며 상대방을 존중하는 말씨는 상대방을 존중하는 태도나 책임감 있는 행동으로 나타납니다.

품위와 지성이 느껴지는 사람의 책임감 있는 회화에는 좋은 표현이 가득합니다.

그럼 좋은 표현을 쓰기 위해서는 어떻게 하면 좋을까요?

좋은 표현을 익히기 위해서는 사람이나 사물의 아름다운 면이나 사랑스러운 것을 의식적으로 보고 만일 좋지 않은 것을 보더라도 걱정하거나 영향을 받지 않아야 하며 그 좋지 않은 것을 타인에게 전염시키지 않는 것이 중요합니다.

아름다운 면이나 사랑스러운 면으로 자기 의식을 향하게 하는 마음가짐은 그 사람을 둘러싼 환경이나 세계를 아름답고 사랑스러운 것으로 가득 채워줍니다.

지구상에서 일어나는 모든 것은 사람의 사고에 의한 것입니다.

이것은 「양자 역학」이라는 분야에서 과학적으로 증명된 것입니다.

그리고 사람의 사고방식은 말에 의해서 성립되어 있습니다.

본서가 독자 여러분의「지적생활」에 도움이 된다면 저자 및 번역에 도움을 준 타케시타 치카씨에게도 더 이상의 기쁨이 없습니다.

감개무량하옵니다!

동주대학덕문관에서

저자 : 마스다 노리유키

あとがき

言葉づかいは、話す人の品格を決め、生活を決め、人生をも決めるものではないでしょうか。

ゆえに釈迦もイエス・キリストも言ったのです。「はじめに言葉ありき」

品位のある人の言葉づかいは、品格のある行動と一体です。決して乱暴で下品な行動や行為を生みません。

知的な会話は、知的な生活そのものであり、相手を尊重する言葉づかいは、相手を尊重する態度や責任ある行動となって表われます。

品性と知性が感じられる人の責任がもてる会話には、よい表現があふれております。

では、よい表現をするためにはどうすればいいでしょう。

よい表現のためには、人や物事の美しい面・愛らしいものに意識を向け、たとえよくないことに出会っても、心配したり、影響されたりしないことです。

そして、そのよくないことを他人にも伝染させないことが肝要です。

美しい面や愛らしいものに意識を向ける心の持ち方は、その人の環境や世界を美しいものや愛らしいもので取り巻いてくれるでしょう。

地球上で起こるあらゆることは、人の思考によるものです。これは「量子力学」の分野で科学的に証明されております。

そして、人の思考は言葉によって成り立っております。

本書が読者の皆さんの「知的生活」に役立つことができましたら、著者並びに翻訳に協力いただいた竹下知佳さんにとりましても、これ以上の喜びはありません。

有難うございました！

東洲大学徳門館にて

著者・増田 憲行

著者・訳者紹介

著者：増田憲行（韓国・東洲大学観光日本語科 教授）

九州産業大学・大学院国際文化博士課程修了

昔マドロス、いま大学教員の夢多き美翔年

注意：「美翔年」とは、筆者の造語であり、「美しく人生に羽ばたく」と言う意味を込めて、生まれ故郷・熊本の地酒「美少年」をもじった言葉です。

翻訳協力：竹下知佳（韓国インターネットサイトの日本語監修・翻訳）

佐賀大学卒業

저자· 번역자 소개

저자 : 마스다 노리유키 (한국· 동주대학 관광 일본어과교수)

큐슈 산업 대학· 대학원 국제 문화 박사 과정 수료

옛날은 마도로스, 지금은 대학교수의 꿈많은 美翔年

주의 : 「美翔年」이란, 필자가 만든 조어이며, 「아름답게 인생을 보내는 나이」라는 의미를 담고 있고, 제가 태어난 고향의 토산술 「美少年」을 모방한 말입니다.

번역 협력 : 다케시타 치카 (한국 인터넷 사이트의 일본어감수· 번역)

사가대학졸업

오하요 일본어

초판발행 _ 2009. 11. 22
초판1쇄 _ 2009. 11. 22
저　　자 _ 마스다 노리유키
번　　역 _ 다케시타 치카
발 행 인 _ 도서출판 고려동
박 은 곳 _ (주) 삼립프레스
srpress@naver.com
T. 051) 256-8200-1

정 가 13,000원